Christian Mürner

—

Wendepunkte

Christian Mürner, geboren 1948 in Zürich, lebt seit 1977 in Hamburg, Dr. phil., Autor und Behindertenpädagoge, Lehraufträge an der Universität Innsbruck und der Hochschule für Heilpädagogik Zürich. Themenschwerpunkte: Behinderung, Literatur, Kunst, Kulturgeschichte.
www.christian-muerner.de

Christian Mürner

Wendepunkte

im Lebenswerk von
Francisco de Goya bis Frida Kahlo
Ästhetische und soziale Hintergründe

Königshausen & Neumann

Bibliografische Information der Deutschen Nationalbibliothek
Die Deutsche Nationalbibliothek verzeichnet diese Publikation in der Deutschen Nationalbibliografie; detaillierte bibliografische Daten sind im Internet über http://dnb.d-nb.de abrufbar.

Gedruckt auf säurefreiem, alterungsbeständigem Papier
Umschlag: skh-softics / coverart

Printed in Germany

ISBN 978-3-8260-8471-3
eISBN 978-3-8260-8472-0

www.koenigshausen-neumann.de
www.ebook.de
www.buchhandel.de
www.buchkatalog.de

Inhalt

Vorwort

Vom „wendenden Punkt“ als einer gegebenen, initialen Tatsache im „Schwung der Figur“ spricht Rainer Maria Rilke.[1] Er erinnert an die mythische Dynamik des Erstaunens.

Im Lebenswerk von Kunstschaffenden gibt es bemerkenswerte Wendepunkte. Sie erscheinen als alles entscheidend. In Biografien und Werkinterpretationen erhalten sie oft eine anregende Präsenz. Wie kam es dazu? Zwingend oder zufällig? Was kommt danach? Eklatante Ereignisse, krisenhafte Erfahrungen, unerwartete Glücksfälle oder unverschuldete Schicksalsschläge verdeutlichen und vermitteln sowohl individuelle Zäsuren als auch künstlerische Umbrüche.

Die folgenden, die Texte einleitenden Zitate ziehen markante Aussagen zu biografischen und künstlerischen Wendepunkten heran – von Francisco de Goya über Edvard Munch und Séraphine Louis bis Frida Kahlo. Die Sammlungsauswahl befasst sich mit prekären oder attraktiven Schlüsselszenen, Episoden, Anekdoten, Beispielen. Die Berichte zu Brüchen im Leben, in der bildenden Kunst und literarischen Ausformulierung werden durch einen kurzen kulturgeschichtlichen Kontext ergänzt und kommentiert. Ist ein Wendepunkt stets ein besonderes Ereignis oder manchmal eher eine selbstverständliche Erfahrung? Welchen Effekt erzeugt er und welche Dimension

1 Rainer Maria Rilke: Sonette an Orpheus, XII. Sonett, Leipzig 1923.

demonstriert er in der einen oder anderen Perspektive? Ist die Darstellung eines Umbruchs in der Lebensgeschichte durch Instabilität geprägt oder wird sie durch das potenzielle Wissen um den flexiblen Fortgang beeinflusst? Wann nähern sich Brüche im Lebenswerk der Vorstellung einer vermittelnden Brücke an?

Die Frage, ob es *den* Wendepunkt gibt, wird durch die stets gegenwärtige Mehrperspektivität jedes Lebens und Werks beantwortet. Anstelle von Wendepunkten ließe sich auch von jeweils persönlichen *Hotspots* sprechen, von zentralen Standorten, Einzelheiten, Differenzen, Kombinationen, die facettenhaft erscheinen mögen, aber fortführend und inspirierend gedacht sind.

Es wären Gliederungsmöglichkeiten nicht allein chronologisch nach Geburtsjahr der ausgewählten historischen Personen denkbar, sondern beispielsweise auch nach Lebenseinstellungen, Arbeitsweisen, sozialen Verhältnissen, Diagnosen, Heilungsverläufen, Deutungsprioritäten, Zerrbildern oder Emanzipationsbestrebungen. Es wird versucht, diese Kriterien in den einzelnen Anmerkungen zu den biografischen und ästhetischen Hintergründen sowie den kulturellen Konstellationen aufzunehmen oder anzudeuten. Möglicherweise ergeben sich aufschlussreiche Vergleiche oder Assoziationen ähnlicher Wendepunkte oder wechselnder Transaktionen.

Und es wird auffallen, aber kaum überraschen, dass bei den meisten historischen Personen der Bruch, vereinfacht gesagt, in einer (psychischen) Krankheit oder Behinderung lokalisiert werden kann. Diese Auswahl braucht keine spezielle Begründung, denn Krankheit und Behinderung werden existenziell (nicht essenzialistisch) als Bestandteil des Lebens und der Gesellschaft verstanden. Wendepunkte werden oft durch medizinische Befunde bestimmt oder verändern den Umgang mit dem eigenen Körper. (Psychische) Krankheit und Behinderung als mögliche Motive von Wendepunkten im Lebenswerk sind Hauptaspekte. Doch viel eher wirken sie als Fragmente und Lebensformen, die verstanden werden im Zusammenhang der Partizipation und der persönlichen wie künstlerischen Chancen.

Piero della Francesca
(um 1412/1420–1492)

„Piero aus Borgo, dessen Bilder ungefähr aus der Zeit um 1458 stammen, erblindete mit sechzig Jahren am grauen Star und lebte auf diese Weise noch bis in sein sechsundachtzigstes[2] Jahr."[3]

Dieser Satz zum italienischen Künstler und Mathematiker Piero della Francesca findet sich in den *Lebensbeschreibungen der berühmtesten Maler, Bildhauer und Architekten* von Giorgio Vasari (1511–1574), der selbst Maler und Architekt war. Sein Buch erschien erstmals 1550, in einer erweiterten zweiten Auflage 1568. Es wird zur biografischen Gründungserzählung der Kunstgeschichte gezählt.

Piero della Francesca wurde in Sansepolcro (früher Borgo San Sepolcro) in der toskanischen Provinz Arezzo geboren und starb in seiner Heimatstadt. Als Maler schuf er kirchliche Fresken, Tafelbilder und Porträts im Auftrag von Fürsten unter anderem in Florenz, Ferrara, Rimini, Urbino und Rom sowie in seiner Geburtsstadt. Er schrieb drei

2 [sic], so lautet die Quelle, doch die ungeklärten Lebensdaten widersprechen rechnerisch den üblichen Angaben. Vasari ging wahrscheinlich von einem noch früheren Geburtsjahr aus.

3 Giorgio Vasari: Das Leben des Paolo Uccello, Piero della Francesca, Antonella da Messina und Luca Signorelli, übersetzt von Victoria Lorini, herausgegeben, kommentiert und eingeleitet von Hana Gründler und Iris Wenderholm, Berlin 2012, S. 57, S. 127, S. 43, S. 142, S. 129.

Bücher zu Themen der Perspektive, der Proportionen und der Mathematik, ein *Rechenlehrbuch für Kaufleute*. Sie bilden eines der Anliegen Vasaris, die Lebensgeschichte Pieros vorzustellen. Denn Luca Pacioli, ein Schüler Pieros, der ebenso wie dieser aus Sansepolcro stammte, habe eine der mathematischen Schriften seines Lehrers aufgrund von dessen Erblindung und Ableben als Teil eines eigenen Buches ausgegeben. In „Ruchlosigkeit und Bosheit" habe er danach getrachtet, den Nachruhm und die Ehre Pieros zu verderben. Vasari beginnt deshalb seinen biografischen Text zu Piero della Francesca mit dem formschönen allgemeinen Satz: „Ein wirklich unglückliches Los ist jenen beschieden, die ihre Studien zum Wohle der anderen und für den eigenen Ruhm vorantreiben, denen es aber aufgrund von Krankheit und Tod bisweilen versagt bleibt, die einmal begonnenen Werke zu vollenden."

Nach Vasari lebte Piero zwanzig Jahre mit Blindheit. In der neueren Forschung wird Pieros Krankheit und Erblindung bezweifelt. Da er an seinen Manuskripten noch bis 1486 handschriftliche Korrekturen vorgenommen habe, könne er erst etwa sechs Jahre vor seinem Tod erblindet sein. Es konnte allerdings nicht bewiesen werden, ob es sich so verhielt, wie Vasari schonungslos gegenüber Luca Pacioli schreibt und diese Aussage wahrscheinlich nicht zu Unrecht nahelegt. Zugunsten Paciolis lässt sich sagen, dass es damals durchaus üblich war, durch Abschriften Teile anderer Werke in eigene aufzunehmen, ohne dies kenntlich zu machen.

Von Pieros Leben ist kaum etwas detailliert und genau überliefert. Auch ein gesichertes Porträt von Piero selbst wurde nicht gefunden. Man kann aber davon ausgehen, dass er der Gepflogenheit der damaligen Maler folgte und seine Gesichtsphysiognomie an einer Figur in einem oder mehreren seiner Bilder unterbrachte. Doch auch viele seiner brillanten Bilder lassen sich nur ungefähr datieren. So seine berühmte *Geißelung*, die wohl zwischen 1460 und 1465 entstand. Das Bild, so heißt es, sei „ganz von Piero selber gemalt"[4] worden. Die Szene der Geißelung folgt der biblischen Erzählung, ist jedoch besonders lokalisiert in der perspektivisch perfekt wiedergegebenen Säulenhalle in kaltem Licht und steriler Klarheit. Das Bild bleibt rätselhaft, vor allem auch aufgrund der daran unbeteiligt wirkenden drei männlichen, farblich feinen, imponierenden Figuren im Vordergrund rechts. Welche Rolle spielen sie? Bernd Roeck erkennt in der rechts außen stehenden Figur an der Physiognomie im Profil den Maler selbst aufgrund von Vergleichen mit anderen Bildern. Von Bedeutung sei allerdings die mittlere Figur. Sie mache das verborgene „Drama" des Bildes offensichtlich. Roeck sieht in ihr die engelhafte Darstellung des ermordeten Herzogs von Urbino, Ondantonio da Montefeltro, und im Bild insgesamt eine „Art gemalte Mordanklage"[5], symbolisch bekräftigt durch die Szenerie der befohlenen Geißelung Christi durch Pilatus, der ganz links im Hintergrund gezeigt wird. Als Initiator des Mordes

4 Carlo Ginzburg: Erkundungen über Piero, Berlin 1981, S. 133, S. 13, S. 15.

5 Bernd Roeck: Mörder, Maler und Mäzene, Piero della Francescas „Geißelung". Eine kunsthistorische Kriminalgeschichte, München 2006, S. 28, S. 89 ff., S. 158, S. 180.

identifiziert Roeck den Stiefbruder von Ondantonio, Federico da Montefeltro. Dieser übernahm dann die Macht in Urbino. Die kunsthistorisch orientierte Interpretation wirkt wie ein in einem Bild verschlüsselter Kriminalroman, kann also als naheliegende, nachträglich erzielte Dechiffrierung verstanden werden. Sie verwendet wie der kritisierte Vasari erzählerische Vergegenwärtigungen. Der italienische Kriminalist Silio Bozzi hat jedoch widersprochen und gesagt, es handle sich nicht um den toten Ondantonio, sondern um eine ganz andere Person.[6] Merkwürdig erscheint, dass Piero später auch den „Brudermörder“ porträtierte. Ein unvergleichliches Bildnis von Federico da Montefeltro im Profil, das vor allem durch die auf einen Turnierunfall zurückgehende ungeheure Furche an der Nasenwurzel erstaunt, aber auch wie selbstverständlich wirkt.

Piero sei Unternehmer gewesen und habe seine Malkunst dem Meistbietenden verkauft. Hat er also das Porträt des neuen Machthabers von Urbino allein des Geldes wegen gemalt? Das ist durchaus plausibel, denn man hat darauf hingewiesen, dass Piero „für den Tauschhandel ebenso gut ausgebildet [war] wie für das zarte Spiel von Intervallen in seinen Bildern“[7]. Zudem wollte er seiner Familie und seinen Nachkommen möglichst viel hinterlassen. Für seinen Nachruhm sorgte Vasari fast hundert Jahre später, nicht allein deswegen, weil Piero della Francesca aus dem gleichen Heimatort Arezzo stammte, son-

6 Vgl. Henning Klüver: Der Bulle und das Bild, Süddeutsche Zeitung, 22. Januar 2010, S. 11.

7 Michael Baxandall: Die Wirklichkeit der Bilder, Frankfurt a. M. 1984, S. 126.

dern auch, weil er ihn als „Wegbereiter der *maniera moderna*“[8] besonders schätzte.

Obwohl Vasaris Texte den sachlichen Anschein haben, dass er Lebens- und Arbeitsbedingungen, Werke und Interpretationen sammelte und darstellte, verfügen seine Berichte über erzählerische Ansprüche, die zwischen fiktiven Vorstellungen und tatsächlichen Vorkommnissen pendeln. So auch in der Darstellung Pieros. Man hat festgestellt, dass Daten falsch sind und dass Personen verwechselt werden. „Fehler“ haben oft ihre Gründe und Interessen. Das ist weniger zu bedauern als dabei die narrativen Absichten zu beachten. Die Darstellung des Wendepunktes der Erblindung und die Folgen für Pieros Lebenswerk ist die Klammer von Vasaris Beschreibung und die Grundlage des Lobs für die bemerkenswerte Leistung des Künstlers. Vasaris Verknüpfung von Erblindung und Werk zur Verteidigung des Künstlers fasziniert zumindest literarisch.

Nach der neueren Forschung ist die Blindheit nicht belegt – allerdings wie vieles bei Piero, wie erwähnt. In sein Testament habe er 1487 geschrieben, dass er gesund „an Geist, Verstand und Körper, aus Gnade Gottes“[9] sei. Die Blindheit Pieros hat bei Vasari die Funktion einer symbolischen Verstärkung der Plagiatsangelegenheit im Kontext des künstlerischen Werks. Dass Pacioli nach Vasaris Darstellung versuchte, zumindest einen Teil des Nachruhms Pieros für sich zu vereinnahmen,

8 Giorgio Vasari: a.a.O., S. 37, S. 41.

9 Nach Bernd Roeck: a.a.O., S. 199.

wird von Vasari metaphorisch mit der Blindheit, mit dem Versuch der Unsichtbar- und Zunichtemachung von dessen Lebensleistung und Werk verbunden. Die erste Ausgabe seiner *Lebensbeschreibung* über Piero endet mit einer Gedenk- oder Grabinschrift, die Vasari in der zweiten wegließ. Sie besagt, dass Piero „mit Stift und Pinsel so trefflich am Werk [war], dass die Natur aus Neid [sein] Augenlicht zu ewiger Nacht verurteilte“[10].

Angesichts der von allen Kommentatoren erwähnten ungenügenden Quellenlage zu Leben und Werk von Piero della Francesca kann Vasaris erzählender Bericht den gleichen Status wie andere Darstellungen und Interpretationen beanspruchen. Die literarische Wahrhaftigkeit eines Wendepunktes kann als wesentlicher Aspekt im Lebenswerk realen Einfluss bekommen.

10 Giorgio Vasari: a.a.O.; vgl. S. 39, S. 143.

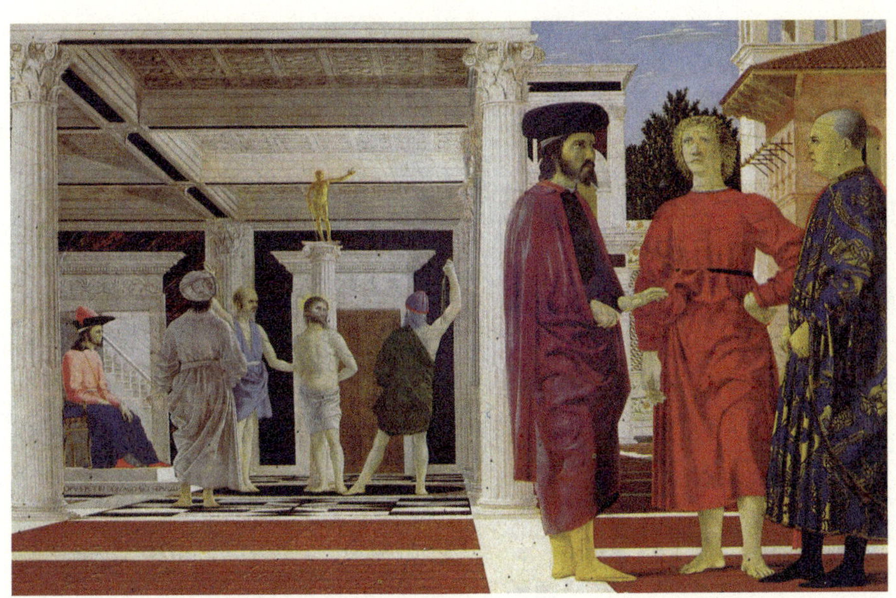

Abb. 1 – Piero della Francesca:
Die Geißelung Christi, 1444/78,
Öl mit Tempera auf Holz, 59 × 81 cm,
Galleria Nazionale delle Marche Urbino.

Christoph Haitzmann
(1651–1700)

„Das Wunder war groß, der Sieg der heiligen Mutter über Satan unzweifelhaft, die Heilung aber leider nicht beständig."[11]

Dieser Befund eines Wendepunktes und dessen Einschränkung in einem Satz stammt aus einer Abhandlung von 1923 mit dem Titel *Eine Teufelsneurose im siebzehnten Jahrhundert*. Geschrieben hat sie Sigmund Freud (1856–1939). Seine Studie bezieht sich auf Christoph Haitzmann (oder Haizmann). Er war ein im bayerischen Traunstein geborener, in Wien gestorbener, armer österreichischer Maler. Bekannt wurde er durch seine autobiografisch sowohl bildlich wie textlich überlieferten dämonischen Visionen. Bibliothekar und Hofrat Dr. R. Payer-Thurn hatte sie, wie Freud erwähnt, als Manuskript aufgefunden. Es besteht aus drei Teilen: einer in Latein zusammenfassenden Chronik, einem deutsch geschriebenen Tagebuchbruchstück von Haitzmann und einem Votivbild sowie acht Teufelsdarstellungen.

Christoph Haitzmann hatte in der Kirche von Pottenbrunn 1677 schwere Krampfanfälle. Er gestand dem Geistlichen, dass

11 Sigmund Freud: Eine Teufelsneurose im siebzehnten Jahrhundert, in: Internationaler Psychoanalytischer Verlag, Leipzig und Wien, 1923, S. 9; nach https://de.wikisource.org/wiki/Eine_Teufelsneurose_im_siebzehnten_Jahrhundert (15.08.2023); vgl. Sigmund Freud: Zwei Fallberichte, Frankfurt a. M. 2007, S. 171 ff.

er „vor neun Jahren zu einer Zeit der Verzagtheit an seiner Kunst“ einen Pakt mit dem Teufel geschlossen habe, er bereue nun und hoffe, dass „die Gnade der Mutter Gottes von Mariazell ihn retten könne, indem sie den Bösen zwinge, ihm die mit Blut geschriebene Verschreibung herauszugeben“[12]. Der Exorzismus gelang. „Der Maler verließ Mariazell nach kurzer Zeit im besten Wohlbefinden und begab sich dann nach Wien, wo er bei einer verheirateten Schwester wohnte.“ Doch erneut bekam er Krampfanfälle und Visionen, diesmal suchten ihn heilige Gestalten heim, unter denen er „nicht minder litt als früher unter dem Verkehr mit dem Teufel“. 1678 kehrte er nach Mariazell zurück. „Den geistlichen Herren gab er als Motiv seiner Rückkehr an, dass er auch eine andere, frühere, mit Tinte geschriebene Verschreibung vom Teufel zu fordern habe. Auch diesmal verhalfen ihm die heilige Maria und die frommen Patres zur Erfüllung seiner Bitte. Aber der Bericht, wie das geschah, ist schweigsam.“ Der Exorzismus war nachhaltiger. 1681 trat Haitzmann in den Orden der Barmherzigen Brüder in Wien ein. Weiteren Anfechtungen widerstand er aufgrund der regulierenden Umgebung.

Freud notiert nun: „Wenn wir diese Teufelsverschreibung wie eine neurotische Krankengeschichte betrachten, wendet sich unser Interesse zunächst der Frage nach ihrer Motivierung zu.“ Warum war Haitzmann „schwermütig geworden, konnte nicht oder nicht recht arbeiten und hatte Sorge um die

12 Sigmund Freud: a.a.O., S. 5. Die folgenden Zitate, ebd., S. 6, S. 9, S. 10 ff., S. 43, S. 47.

Erhaltung seiner Existenz, also melancholische Depression mit Arbeitshemmung und (berechtigter) Lebenssorge"? Der Grund bestand im Tod seines Vaters. Nach Haitzmanns „neurotischer Fantasie" verpflichtete sich der Teufel, „dem Maler durch neun Jahre den verlorenen Vater zu ersetzen". Freud deutet diesen Austausch der Vaterliebe durch das Böse als befremdlich, ergänzt aber, dass in der „Geheimgeschichte des Individuums, welche die Analyse aufdeckt, [...] das Verhältnis zu diesem Vater vielleicht von Anfang an ein ambivalentes war" und „entgegengesetzte Gefühlsregungen" umfasste, nicht nur Zu-, sondern auch Abneigung. „Ch. Haitzmann war soweit Künstler und Weltkind, dass es ihm nicht leicht fiel, dieser sündigen Welt zu entsagen."

Als Dank opferte Haitzmann ein Votivbild, ein Triptychon. Hinzu kamen acht kleine Teufelsdarstellungen. (Meines Wissens sind dies die einzig überlieferten Haitzmann-Bilder.) Die Darstellungen sind den ursprünglichen Malereien getreu nachempfundene Kopien „mit kurzen Beischriften in deutscher Sprache". Haitzmann fasste in drei kleinen prägnanten bildlichen Szenen seine persönlichen Wendepunkte im Triptychon zusammen. Er schrieb dazu, was handschriftlich links im Bild aufgeführt ist: „Christoph Haitzmann ein Mahler / wirdt von dem Teüffel erstensz / in gestalt eines Ehrsamen / burgers *N. 1.* yberredet, sich / alsz Sohn zu unterschreiben, / Nach einen Jahr würdt Er / durch erschröckliche / betrohungen in abschailicher / gestalt *N. 2.* bezwungen, / sich mit aigenen bluet / zu verschreiben. Und Anno / 1677. Den 8 September / ist er von der leibeigenschafft / desz Teiffels durch die bahrmherzigiste Muetter / Gottes Maria *N. 3* zu Cell / erleediget worden. / C. I. H."[13]

Mit Ausnahme der ersten werden in der Abfolge die weiteren sieben Teufelserscheinungen „immer schreckhafter, man möchte sagen mythologischer: Hörner, Adlerklauen, Fledermausflügel werden zu ihrer Ausstattung verwendet. Zum Schluss erscheint er in der Kapelle als fliegender Drache"[14]. Eine Besonderheit dieser sieben Darstellungen ist, dass der Teufel nackt und mit weiblichen Brüsten wiedergegeben wird. In der Besessenheit übernimmt der Teufel die Rolle des „Nährvaters"[15].

13 Zit. nach Gerhild Scholz Williams; Lynne Tatlock (Hrsg.): Literatur und Kosmos. Innen- und Außenwelten in der deutschen Literatur des 15. bis 17. Jahrhunderts, Amsterdam 1986, S. 634; die Unterzeichnung C. I. H. heißt Christoph Johann Haitzmann. Im Übrigen ist in diesem Text der Name Haitzmanns mit tz geschrieben, in der überlieferten Abschrift jedoch meistens ohne t als Haizmann, siehe dazu die Abb. in: https://de.wikipedia.org/wiki/Christoph_Haitzmann (14.02.2021).

14 Sigmund Freud: a.a.O., S. 19.

15 Ebd., S. 45. Ich habe mich auf die Studie Sigmund Freuds konzentriert. Sie wurde in der Folge ihrer Veröffentlichung unterschiedlich ausgelegt oder kritisiert. Das ändert meiner Ansicht nach nichts an ihrer faszinierenden, insgesamt offenen Erzählung. Vgl. Mario Erdheim: Einleitung, in: Sigmund Freud: Zwei Fallberichte, Frankfurt a. M. 2007, S. 13 f., S. 66 ff.

Francisco de Goya
(1746–1828)

„Um die durch mein Leiden gelähmte Einbildungskraft zu beschäftigen, und auch um wenigstens teilweise die Ausgaben für meine Krankheit wieder einzubringen, habe ich eine Reihe von Kabinettbildern[16] gemalt, in welchen es mir gelungen ist, der Beobachtung jenen Platz einzuräumen, den sie in bestellten Werken gewöhnlich nicht einnimmt, da dort Witz und Fantasie nur schwerlich entwickelt werden können"[17],

schrieb Francisco de Goya 1794 in einem Brief. Nach seinen eigenen Angaben malte Goya als letztes Bild dieser erwähnten Serie eine Szene, die er selbst in Zaragoza, wo er aufwuchs, erlebt habe. „Es stellt einen Irrenhof dar, in dem zwei völlig Nackte sich prügeln, während ihre Wärter auf sie und andere mit Stöcken einschlagen." Der kunstinteressierte österreichische Internist Anton Neumayr hat dieses Motiv wie folgt interpretiert: „Ursache für diese Bevölkerung seiner Einbildungskraft mit visionären Gestalten des Grauens war zweifellos die trostlose Einsamkeit des taub gewordenen Künstlers,

16 Bilder, die für ein kleines, vertrauliches Zimmer gedacht sind. (In diesem Abschnitt greife ich zurück auf meine Darstellung Francisco de Goyas in: Christian Mürner: Malerische Kompetenz. Bildende Künstler mit Behinderung, Herzogenrath 2005, S. 25–32.)

17 Francisco de Goya, zit. nach Anton Neumayr: Kunst und Medizin, Wien 1996, S. 143, folgendes Zitat, S. 145.

in dessen Ohren brausender Lärm tobte und dessen Herz mit Bitternis, sehnsüchtigen Wünschen und Anklagen gegen Gott und die Welt ausgefüllt war." Der Internist vermutet, dass Goya aufgrund der eigenhändigen Farbherstellung eine Bleivergiftung gehabt habe; ein Selbstporträt „mit einer deutlich verformten rechten Hand" und einer „charakteristischen Blässe des Gesichts" beweise diese Diagnose. Da seine Situation in den nahezu übereinstimmenden Interpretationen einen Wendepunkt oder einen „Richtungswechsel" seiner Kunst bedeute, sprach die Kunsthistorikerin Jutta Held von der „Flucht in die Krankheit", diese „war der Ausweg für Goya, um sich aus den Engpässen zu befreien, die die Auftragsarbeiten bei der Entwicklung seiner Kunst mittlerweile für ihn darstellten"[18].

Goya selbst hatte offenbar von einem „Durchbruch in die Freiheit" gesprochen, er verwirklichte sich und seine Ideen in seinen Zeichnungen und Radierungen, die „schon als Medium nicht den vorrangigen Kunstbedürfnissen des Hofes", bei dem er angestellt war, entsprachen. Seine neue Identität und die Dokumentation einer persönlichen Aussage hat man als „Eroberung" gedeutet und auch mit seinen Selbstporträts belegt. „In Momenten, die ihm bedeutsam erscheinen, neigte er dazu, sich in seine Gemälde hineinzumalen", bemerkte der Historiker Gwyn A. Williams.[19] Goya habe die Selbstporträts

18 Jutta Held: Goya, Reinbek bei Hamburg 1990, S. 44. Werner Hofmann: Goya, München 2003, S. 52, schreibt: „Die Krankheit hat weniger ein Umdenken oder einen produktiven Schub bewirkt als den vorhandenen Ansätzen zu radikalem Durchbruch verholfen."

19 Gwyn A. Williams: Goya, Reinbek bei Hamburg 1978, S. 82, S. 109, S. 98.

wie eine Tagebucheintragung gehandhabt. Die Erkrankung Goyas 1793 – er war siebenundvierzig Jahre alt – gilt als Entfaltung seiner „schöpferischen Kräfte“. „Dass der Zusammenbruch und die Taubheit die neue, auf ihn einströmende Sicht unermesslich vertieften und verschärften, lässt sich kaum bestreiten“, notiert Williams. Machen gerade die zeitweilige Lähmung seiner rechten Hand und die Gehörlosigkeit Goya zum berühmten Künstler?

Es heißt, die Hälfte von Goyas Malerei sei der Monarchie zugedacht, die andere der Gerechtigkeit für die Armen. Seine politische Widersprüchlichkeit spiegle sich in den patriotischen Porträts und den rebellischen Zeichnungen und Radierungen. Goya bewegte sich im Zwiespalt seiner Sympathien, er mischte sich ein mit seiner Kunst und ging zugleich auf Distanz mit dämonischen Motiven und Verfremdungen, die vielen unheimlich erschienen. 1819 erwarb Goya ein Landhaus außerhalb Madrids, das die Nachbarn „La Quinto del Sordo“, das „Haus des Tauben“, nannten. Hier malte er seine sogenannten „Schwarzen Bilder“. Goya zog sich in seine eigene Welt zurück. Mit fünfundsechzig, von der Inquisition behelligt, emigrierte er nach Bordeaux.

Es bleibt problematisch, Goyas Gehörlosigkeit oder seine psychische Situation auf seine Bilder und Themen zu übertragen, zumal die Fakten und Dokumente nicht zuverlässig und spärlich sind. Krankheit und Kunst erscheinen in Abhängigkeit voneinander, weil Goya sein eigenes Leben, wie in den Selbstporträts manifest, persönlich und künstlerisch ernst nimmt.

Goyas malerische Integration dessen, was von der Norm abwich, die Durchbrechung oder Negation der Konventionen und das Arrangement des Fantastischen und Gesellschaftskritischen können um 1800 zur Geburt der modernen Kunst gezählt werden.[20]

20 Vgl. Fred Licht: Goya, München 2001; vgl. Werner Hofmann: Goya, München 2003; vgl. Jörg Traeger: Goya, München 2000.

William Turner
(1775–1851)

„Ein Wort genügt, um auszudrücken, welches die größte Schwierigkeit in der Kunst des Malers ist: bewegte Luft darzustellen, wie einige den Wind nennen […].“[21]

Der Londoner Landschaftsmaler William Turner gilt als „Entdecker des Wetters“[22] in der Kunst. Bei ihm wird vor 200 Jahren das Wetter – vor allem Gewitterwolken, Stürme oder Nebel – zum alleinigen Bildgegenstand. Um auch bei Dauerregen die Stimmung skizzieren zu können, war Turner bei seinen Wanderungen stets mit dem Regenschirm unterwegs. Es wurde erzählt, was sich auch auf Turners Bilder bezog, dass man das Gefühl bekomme, Mantel und Regenschirm beim Betrachten zu benötigen, weil der Regen so echt dargestellt sei.[23]

Eine andere Begebenheit, um die Authentizität eines Bildes zu belegen, berichtet Turner selbst. Für sein Bild *Schneesturm – Dampfschiff vor einer Hafeneinfahrt (Snow Storm – Steam-Boat off a Harbour's Mouth)* von 1842 habe er sich an den Mast des

21 William Turner, 1810, in einem Skizzenbuch, zit. nach Monika Wagner: William Turner, München 2011, S. 51.

22 Heinz Ohff: William Turner. Die Entdeckung des Wetters, München 1987, S. 132.

23 Vgl. Monika Wagner: Regen und Rauch. Landschaftsmalerei als Index klimatischer Veränderungen, PDF, o. J., S. 25; vgl. Werner Hofmann (Hrsg.): Turner und die Landschaft seiner Zeit, Katalog, Frankfurt a. M. 1976, S. 344.

Schiffes anbinden lassen, um unmittelbar mit allen Sinnen den Sturm zu erleben. Diese Erzählung erinnert sofort an den antiken Odysseus, der sich schon an einen Mast binden ließ, um den Sirenen zu widerstehen.[24] Auch zu Turners wohl berühmtestem Bild: *Regen, Dampf und Geschwindigkeit – die Great Western Eisenbahn (Rain, Steam and Speed – The Great Western Railway)*, entstanden im Jahr 1844, gibt es eine Geschichte, die eine gewisse Lady Simon überlieferte. Sie sei mit der Eisenbahn von Bristol nach London unterwegs gewesen und habe in einem Abteil gesessen mit zwei älteren Herren. Bei starkem Sturm und Regen habe einer dieser Herren das Fenster aufgerissen. Er sei ganz durchnässt worden, sei aber begeistert gewesen von den Elementen. „Sie habe es ihm gleichgetan. Danach habe der Herr zehn Minuten mit geschlossenen Augen dagesessen, um das Erfahrene zu verinnerlichen. Im Jahr darauf sei sie [Lady Simon] in der Ausstellung der Royal Academy gewesen, habe Turners *Rain, Steam and Speed* gesehen und sogleich gewusst, dass das Bild direkt auf das gemeinsame Erlebnis“ zurückgehe. Man hat überprüft, ob die Angaben von Lady Simon stimmen. Zeitpunkt, Fahrplan und Wetter trafen zu, nur konnte man nicht nachweisen, ob Turner in diesem Abteil saß oder überhaupt im Zug war.

Sind diese Geschichten wahr oder gut erfundene Anekdoten, geht es um Seemannsgarn oder Realitätsnähe? Werner Busch sagt, sie seien „in ein Bild gefasste Erinnerungen, deren Wahrheitsgehalt relativ ist, die aber doch etwas Erfahrenes bezeu-

24 Vgl. Werner Busch: Die Künstleranekdote, München 2020, S. 159 ff., S. 25.

gen sollen". Insofern werden Anekdoten oft unterschätzt. Sie sind ein Korrektiv zur traditionellen Darstellung.

Sind Wind und Wetterwechsel sowie noch deutlicher: der Sturm und ihre Darstellung die beste Veranschaulichung von Wendepunkten? Einige Sprichwörter wie „der Wind hat sich gedreht" oder „die Ruhe vor/nach dem Sturm" deuten in der Auslegung von Aufregung, Auseinandersetzung, Umgestaltung oder Aussöhnung darauf hin. Naturgewalten haben Einfluss sowohl auf kulturelle Sachverhalte als auch auf individuelle Situationen.

Mit seiner zur damaligen Zeit merkwürdigen, undeutlichen, fast abstrakten Malmethode gehört Turner zu den „Vorläufern der ungegenständlichen Kunst des 20. Jahrhunderts"[25]. Doch seine „Gemälde ernteten ungewöhnlich viel Kritik", gerade wegen der signifikanten Darstellungsweise von Regen, Wind und Rauch.

Turner kam aus einfachen Verhältnissen. Er fühlte sich sein Leben lang benachteiligt und fremd in der Welt, obwohl er schon früh erfolgversprechend in die Royal Academy aufgenommen wurde und dann auch an der Königlichen Akademie als Professor für Perspektive Vorlesungen hielt. Er richtete in seinem Haus einen eigenen Galerieraum ein und veranstaltete seine erste Einzelausstellung.

25 Monika Wagner: William Turner, München 2011, S. 123, S. 101.

Beim Malen war er sehr selbstbewusst, ohne Selbstzweifel, im Umgang jedoch eher scheu, zurückhaltend und unversöhnlich, Letzteres desto mehr, „je heftiger seine Kritiker und seine Feinde über ihn“[26] herzogen. Über Turner und seine „seltsamen Manieren“ wurde sehr viel Unfreundliches verbreitet. Diejenigen, die ihm nahestanden, sagten, dass unter dem „rauhen und kalten Äußeren“ und seinem Misstrauen eine „verlässliche, liebevolle“, „anregende und witzige“ Art verborgen gewesen sei.

26 Heinz Ohff: a.a.O., S. 106, folgendes Zitat, S. 104; vgl. S. 45, S. 50 f., S. 75, S. 103, S. 124 f., S. 131.

Adolph Menzel
(1815–1905)

„Ja, hier rechts an der Staffelei male ich, und zwar mit der rechten Hand, und hier links zeichne, radiere oder aquarelliere ich, und zwar mit der linken. Niemand vermag zu unterscheiden, mit welcher Hand ich etwas gearbeitet habe, es ist mir völlig gleich."[27]

Das Zitat des Malers und Illustrators Adolph Menzel stammt aus einem Gespräch mit dem (völkischen) Journalisten Ottomar Beta. Man muss wissen, dass Gespräche mit Menzel nicht einfach waren, er war eigenwillig, abweisend, oft mürrisch, sprichwörtlich unpünktlich, andererseits aber, wenn er „gerade guter Laune" war, auch schlagfertig und anregend.

Menzels Werk, jahrelang durch politische Gegebenheiten und meist selbstauferlegte interpretatorische Zwänge zweigeteilt, erfuhr in den letzten Jahren eine gelassene, ganzheitliche Neubewertung. Dieser Wendepunkt lässt sich buchstäblich als Grenzüberschreitung deuten. Das, was Menzel malte, mit dem, wie er es malte, zusammenzudenken ist vor allem möglich geworden, weil das Werk des hauptsächlich in Berlin Tätigen nicht mehr in Museumsbeständen durch die Mauer in Ost

27 Adolph Menzel, um 1889, zit. nach Ottomar Beta: Gespräche mit Adolph Menzel, in: Gisold Lammel (Hrsg.): Exzellenz lassen bitten. Erinnerungen an Adolph Menzel, Leipzig 1992, S. 27, vgl. S. 9 f.

und West sortiert und ideologisch vereinfacht wird. Sein Werk erscheint als Verkörperung des bürgerlich-liberalen Pluralismus in der bildenden Kunst. Menzels Modernität, darauf hat man sich heute geeinigt, ist seine Universalität, seine herausfordernde Vielfalt. Doch lehnte er die Abstraktion ab, er stellte das Individuelle und Zufällige in den Mittelpunkt.[28] Seine Bilderzählungen umfassen divergierende kulturelle Sachverhalte. Mit ihm kommt es zu einer Koalition von Königsmaler und Arbeitermaler. Menzel integrierte durch seine zeichnerische und malerische Meisterschaft, blieb aber ein – immerhin zunehmend anerkannter – Außenseiter.

„Zum einen scheint es für Menzel", schreibt der Kunsthistoriker Werner Busch, „zeit seines Lebens um Selbstbehauptung gegangen zu sein – der Außenseiter wehrt sich. Zum anderen konnte er sich auf seine Rolle als unangepasster Künstler zurückziehen, für den andere Regeln galten als für den Normalsterblichen, er besaß so etwas wie Narrenfreiheit."[29]

Der ehemalige Direktor der Berliner Alten Nationalgalerie notiert, dass Menzel die „Fülle seiner beobachteten Einzelheiten durch eine höchst subjektive Optik synthetisiert. Von dieser subjektiven Optik sprechen heißt auch, ganz vordergründig von Menzels Größe sprechen. Menzel war kleinwüchsig, kaum

28 Vgl. Jost Hermand: Adolph Menzel, Reinbek bei Hamburg 1986, S. 62. In diesem Abschnitt greife ich zurück auf meine Darstellung Adolph Menzels in: Christian Mürner: Malerische Kompetenz. Bildende Künstler mit Behinderung, Herzogenrath 2005, S. 47–51.

29 Werner Busch: Die Künstleranekdote, München 2020, S. 187.

1,40 Meter groß [...]. Er sah die Welt von unten, aus der Sicht eines Kindes. Nicht ohne Selbstironie hat sich Menzel auf Kostümfesten als Kind verkleidet. Zu solchen Scharaden gehört auch das Foto, das Menzel scherzhaft stehend als den Größten inmitten einer hingesunkenen Tischgesellschaft zeigt."[30] Menzel litt sehr unter dem Spott über seine Kleinwüchsigkeit. Zudem gehörte zu der ihm eigenen Perspektive ebenso der sogenannte Türmerblick, wie ein anderer Kunsthistoriker ergänzt[31], der Blick von oben auf einen belebten Platz oder aus dem Fenster in den Hinterhof hinunter. Alle seine Ateliers lagen in mehrstöckigen Häusern im obersten Stock.

Menzels Vater leitete in Breslau eine Mädchenschule, gründete dann eine Lithografenwerkstatt, in der sein Sohn schon früh mitarbeitete. 1830 zog die Familie nach Berlin um, weil der Vater sich bessere Verdienstmöglichkeiten versprach. Unerwartet starb er zwei Jahre später. Der erst siebzehnjährige Adolph übernahm die Werkstatt und familiäre Verantwortung. Mit ungeheurem Arbeitseifer und Fleiß zeichnete und lithografierte er Einladungen, Briefköpfe, Initialen, Etiketten, Vignetten, Diplome, Speisekarten, Annoncen. Scheinbar banale Motive wie die „Hausecke bei Mondschein" malte er auch später, aber ebenso einige Gouachen mit direkter dokumentarischer Bezugnahme auf den Alltag, unter anderem ein Gedenkblatt zum fünfzigjährigen Jubiläum der Eisen-, Kup-

30 Peter-Klaus Schuster: Das Labyrinth der Wirklichkeit – Menzel – 1815–1905, Köln 1996, S. 416 f.

31 Gisold Lammel: Menzel und seine Kreise, Dresden 1993, S. 185.

fer- und Messingfirma Heckmann. Gleichzeitig erhielt er den Auftrag für das repräsentative Bild der *Krönung Wilhelms I. in Königsberg*.

Der rastlose Menzel arbeitete, weil er nicht gestört werden wollte, vor allem nachts. Manchmal monierte man, dass er keine akademische Ausbildung habe. Menzel sagte, dass es ihm „ganz nützlich gewesen [wäre], wenn ich die Akademie länger besucht hätte; nur, wissen Sie, es war ein gewisser Stolz im Wege: den Krüppel bedauerte man – der Kleine wird belächelt“[32]. Es wurde der Wendepunkt *übersehen*, dass der „einfache Bürger“[33], wie er sich selbst nannte, und mutmaßliche Autodidakt Adolph Menzel berühmt war.

32 Adolph Menzel, zit. nach Max Jordan: Menzel und die Nationalgalerie, in: Gisold Lammel (Hrsg.): Exzellenz lassen bitten. Erinnerungen an Adolph Menzel, Leipzig 1992, S. 271.

33 Vgl. Jost Hermand: a.a.O., S. 117.

Friedrich Walthard
(1818–1870)

„Denn ich habe in der Waldau erfahren, wie wohlthätig, wie resultatreich der sorgenfreie Aufenthalt in einer solchen Anstalt auf meine Thätigkeit als Künstler zu wirken vermag."[34]

Wahrscheinlich war der Schweizer Maler Friedrich Walthard der erste Künstler als Patient[35] in der 1850 entstandenen *Bernischen kantonalen Irrenanstalt Waldau.* Seinen psychiatrischen Aufenthalt schätzte Walthard im Zitat aus seinem Brief an die Berner „Zunft zu Zimmerleuten" positiv ein. In der Waldau sei es zu einem „Wiederaufblühen seiner Kunst"[36] gekommen. Das erste Mal 1857 kam er zwangsweise wegen „delirösem Alkoholikerwahn" in die Waldau. „Damit ist ein entscheidender Wendepunkt im Leben Walthards eingetreten, eine neue Persönlichkeit tritt in Beziehung zu ihm, eine Persönlichkeit, die den größten Einfluss auf den Maler gewinnt, [...] der Anstaltsdirektor Dr. Schärer."[37]

Obwohl er ein Jahr später entlassen wurde, bat er das zweite Mal 1860 freiwillig Rudolf Schärer (1823–1890) um die Wie-

34 Friedrich Walthard, zit. nach Bernhard Walthard: Der Kunstmaler Friedrich Walthard. 1818–1870, in: Burgdorfer Jahrbuch 1966, Brief 30, 1858, S. 94.

35 Michel Beretti; Armin Heusser (Hrsg.): Der letzte Kontinent, Zürich 1997, S. 11.

36 Friedrich Walthard, zit. nach Bernhard Walthard: a.a.O., S. 94.

37 Bernhard Walthard: a.a.O., S. 27, folgende Zitate Friedrich Walthard, zit. nach ebd., S. 28, S. 102.

deraufnahme in die Waldau, weil er im Leben nicht zurechtkomme. „Die Freiheit hat für mich keinen Werth, da ich sie nicht zu benützen verstehe und sie mir bloß Gelegenheit zu Missbrauch bietet“, schrieb Friedrich Walthard. Diese Stelle lässt sich auch durch eine andere aus einem Brief an den Präsidenten der Zunft ergänzen: „Ist auch die Disziplin des Hauses eine strenge, ist die Freiheit nothwendigerweise eine sehr beschränkte, ist das Leben unter armen Geisteskranken nicht immer das Angenehmste, und sind uns liebe reizende Genüsse des Lebens nur noch dem Namen nach bekannt, so bekenne ich doch gerne: hier ist gut wohnen, lasset mich bleiben.“

Als Siebenjähriger wurde Friedrich (Fritz) Walthard im Waisenhaus untergebracht. Der Vater, Weinhändler und Wirt, begann zu trinken und die Mutter war überlastet. Die „Zunft zu Zimmerleuten“ übernahm die Vormundschaft, weil die Walthards traditionsgemäß Küfer (Fäßlimacher) waren. Auch später war die Zunft zuständig und verwaltete das Vermögen. Sie schrieb ihm auch vor, was er zu studieren habe: Theologie, womit er genauso wenig zurechtkam wie mit dem darauf verfügten Jura-Studium. Erst dann, 1841, erteilte die Zunft die Zustimmung zum gewünschten Beruf des Kunstmalers. Von 1842 bis 1846 studierte er in Paris. Dann begann sein Wanderleben, das ihn unter anderem nach Graubünden und München führte. Walthard wurde bekannt durch seine Historienbilder, Porträts und Genregemälde. Er stieß auch auf Ablehnung, was seiner Motivation und seiner Arbeitsweise zusetzte. Vor seinem freiwilligen Wiedereintritt in die Waldau schrieb er wiederum an den Präsidenten der Zunft: „[...] wenn ich überhaupt an das geringe Interesse denke, das die Kunst auf die Richtung einer total materiellen Gegenwart ausübt, so packt mich oft an der einsamen Staffelei eine Stimmung von Angst und Verwirrung [...].“[38] In der Waldau porträtierte er sich selbst und seine Mitpatienten, „närrische Studien“ genannt. Er illustrierte aber auch Jeremias Gotthelfs Erzählungen, beispielsweise *Die schwarze Spinne.*

Walthards etwa 70 × 50 cm große malerische Darstellung eines *Joggeli* (1863) wirkt einerseits wie ein authentisches Bild einer realen Person, andererseits könnte es auch als eine nüchterne Illustration einer fiktiven Figur aus einer Gotthelf-Erzählung gelten. „Die Ölstudie *Joggeli* malt er in der Waldau. In den Romanen *Uli der Knecht* und *Uli der Pächter* schildert Gotthelf, wie ein armer Knecht aufsteigt, auch innerlich reift und sein Glück findet. Der alte Joggeli, der reiche Bauer der ‚Glungge‘, wo Uli der Knecht und Pächter ist, verkörpert bei Gotthelf das negative Element, den üblen Geist der Ängstlichkeit und des Geizes. Ein Egozentriker, eine bizarre Erscheinung: Er schleicht, auf den Stock gestützt, um sein Haus und sieht in der Umwelt nichts als eine Verschwörung feindlicher Interessen, die ihn bedrohen. Um diese Figur zu malen, hat sich Walthard von seiner eigenen Erscheinung inspirieren lassen. *Joggeli* ist ein Selbstporträt.“[39] Das Bild ist in bräunlichen Farben gemalt

38 Friedrich Walthard, zit. nach ebd., S. 96 f.; vgl. S. 12, S. 16, S. 18, S. 25, S. 40.

39 Michel Beretti; Armin Heusser (Hrsg.): Der letzte Kontinent, Zürich 1997, S. 12 f.

und gibt eine eher düstere Stimmung wieder. Einzig die weißen Kniestrümpfe und der weiße Saum seiner Mütze sowie sein fast glänzender, faltiger Mantel erhalten ein wenig Licht. Joggelis Mundwinkel und sein Blick, zu den Betrachtern gewandt, erscheinen skeptisch bis listig. Lässt sich das Bild als Selbstporträt interpretieren, kann man an ihm erkennen, dass Walthard, wie aus seinen Briefen hervorgeht, in der Lage war, seine oft durch Wendepunkte bestimmte Lebenssituation und Kreativität selbst teilweise kritisch zu beurteilen.

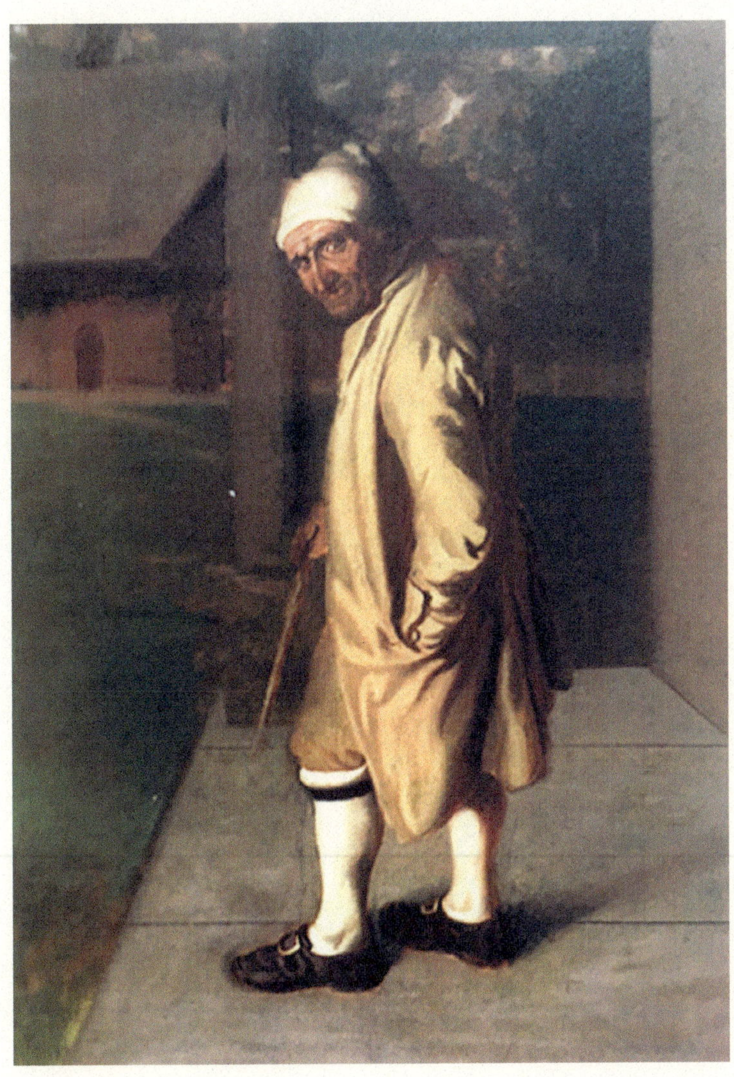

Abb. 2 – Friedrich Walthard:
Joggeli, 1863,
Öl auf Leinwand, 70,5 × 50,5 cm,
© Stiftung Psychiatrie-Museum Bern.

Henri Rousseau
(1844–1910)

„Und man hat mir schon gesagt, dass ich nicht ein Mensch aus unserem Jahrhundert bin. Wie Sie sich denken können, kann ich jetzt meine Art zu malen, die ich mir durch hartnäckige Arbeit angeeignet habe, nicht mehr ändern."[40]

Diese Zeilen schrieb Henri Rousseau kurz vor seinem Tod an den Kritiker André Dupont, um ihm aufgrund dessen „guten Urteils" zu erklären, warum er ein rotes Kanapee mitten im Urwald platzierte. Zugesellt sind Löwen, ein dunkler, kaum zu erkennender Zauberer, der Schalmei spielt, und auf besagtem Kanapee eine nackte Frau, die aus einem Traum zu erwachen scheint. Der Dschungel ist mit „ästhetischer Genauigkeit" Blatt für Blatt gezeichnet und in Schattierungen von feinem Grün, Gelb, Blau, Grau, Braun abgestuft. Es seien über fünfzig Grüntöne wahrzunehmen.

Nicht allein im Zusammenhang dieses letzten Bildes *Der Traum* (auch *Der Traum der Yadwigha*, einer geheimnisvollen Freundin Rousseaus) lässt sich fragen, ob Rousseau je seinen Stil geändert hat. Von Anbeginn seines öffentlichen Auftretens bis heute gibt es in der Rezeption Rousseaus wiederholt unter-

40 Henri Rousseau, 1910, zit. nach Henri Perruchot: Henri Rousseau. Eine Biografie, Esslingen 1957, S. 74; vgl. S. 101, S. 97, folgende Sachverhalte und Zitate, S. 5 f., S. 9 f., S. 80 ff., S. 94 ff.

schiedlich gewichtete Wendepunkte seines Lebens und seiner Kunst. Was ist selbstinszeniert oder oktroyiert, was Mythos, was Sachverhalt? Stammte er aus einfachen Verhältnissen oder war sein Vater ein „gut situierter Handwerksmeister"? War er albern oder ironisch, schutzlos oder spielte er mit, war sein Werk naiv oder wollte man es naiv haben, obwohl es „höchst gewollt" war? Wurden seine Bilder eher bewundert oder „kurzerhand als Humbug" abgetan? War er ein Plagiator oder aufrichtig? Hatte er die Anregung für seine Dschungelbilder von seinem angeblichen Aufenthalt in Mexiko oder nur aus dem Gewächshaus oder dem Tierlexikon?[41] War er ungeschickt, hat er nur „abgemalt", wie Pierre Bourdieu sagte, oder war er virtuos und legte mit seinen fantastischen, absurden Bildthemen den „Grundstein des Surrealismus"[42]? Die Antwort auf diese Fragen lautet nach dem Rousseau-Biografen Henri Perruchot: Leben und Legende sind „eng verflochten". Oder auch nach Oto Bihalji-Merin: „Rousseau ist weder der eine noch der andere; er ist beides in einem. Lange war er die Gestalt einer Legende, die neben der Entwicklungsgeschichte der modernen Maler fast als Sündenfall beschrieben wurde. Aber die Genialität seiner Malerei besteht nicht allein in der Vollkommenheit seines optischen Ausdrucks, sondern auch im Geist seiner Visionen."[43]

41 Laszlo Glozer: Wünschelrutengänger, tickende Zeitbombe, in: Kaspar König; Falk Wolf: Der Schatten der Avantgarde, Ostfildern 1915, S. 95 f.

42 Vgl. Pierre Bourdieu: Die Regeln der Kunst, Frankfurt a. M. 1999, S. 388; vgl. Maximilien Gauthier, zit. nach Henri Perruchot: a.a.O., S. 113; vgl. ebd., S. 102.

43 Oto Bihalji-Merin: Das naive Bild der Welt, Frankfurt a. M. 1963, S. 68; vgl. Henri Perruchot: a.a.O., S. 5, S. 21.

Rousseau war beim Pariser Stadtzoll beschäftigt, in seiner Freizeit malte er. 1884, kurz nach dem Tod seiner ersten Frau Clémence Boitard, ging er in vorzeitigen Ruhestand. Er gab Zeichen- und Musikunterricht für Kinder und ältere Leute sowie gestaltete Schilder für Bäckereien und porträtierte nach Auftrag. 1885 stellte er erstmals zwei Bilder im *Salon des Indépendants (Salon der Unabhängigen)* aus. „Rousseaus Bilder sind die große Attraktion. Hunderte stehen vor ihnen und lachen."[44] Die Leute machten sich lustig, ein Bild wurde durch einen Messerstich beschädigt. Der humoristische Schriftsteller Georges Courteline (1858–1929) kaufte ein Bild Rousseaus für sein „Musée des horreurs", seine „Schreckensgalerie"[45]. Als Rousseaus Kunst später berühmt wurde, wollte er es aus Anerkennung, nicht aus Herablassung gekauft haben. Der junge Schriftsteller Alfred Jarry (1873–1907), der in Laval, im gleichen Ort wie Rousseau, geboren wurde, „lancierte" Rousseau, er gab ihm den unverdienten Künstlernamen *Le Douanier (Der Zöllner).*

Der Kunsthändler und Autor Wilhelm Uhde (1874–1947), der Rousseau gut kannte und sein entschiedenster Förderer war, organisierte 1908 die erste Ausstellung seiner Arbeiten. Da die Adresse der unbekannten Galerie auf der Einladungskarte fehlte, erschien niemand.[46] 1911 publizierte Uhde das erste

44 Wilhelm Uhde: Fünf primitive Meister, Zürich 1947, S. 37.

45 Henri Perruchot: a.a.O., S. 22, S. 28 f.; vgl. Anatole Jakovsky: Naive Malerei, Freiburg im Breisgau 1976, S. 19, S. 21; vgl. Laszlo Glozer: a.a.O., S. 101.

46 Wilhelm Uhde: a.a.O., S. 56 ff., S. 62.

Buch über Rousseau. Die zweite Ausstellung 1912 hatte mehr Erfolg, brachte ebenso Hohn und Spott, doch dies traf zur damaligen Zeit anfänglich auch zu für Braque und Picasso, der fünf Bilder Rousseaus besaß. Uhde bemerkte schon 1947, dass mit der zunehmenden Anerkennung von Rousseaus Kunst die Fälschungen zunahmen.

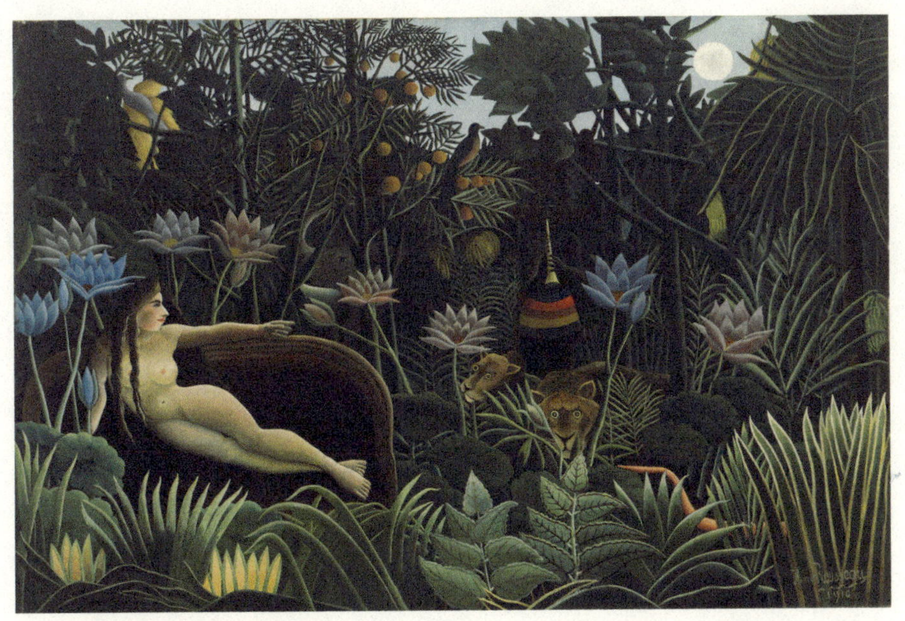

Abb. 3 – Henri Rousseau:
Der Traum,
Öl auf Leinwand, 1910, 204,5 × 298,5 cm,
Museum of Modern Art New York.

Vincent van Gogh

(1853–1890)

„Betrachte, wenn Du willst, die Zeit, in der wir leben, als eine wahre und große Wiedergeburt der Kunst; die wurmstichige, offizielle Überlieferung hält sich noch aufrecht, aber im Grunde ist sie machtlos und untätig; die neuen Maler, einsam und arm, werden wie die Verrückten behandelt, und infolge dieser Behandlung werden sie es tatsächlich, wenigstens was ihr soziales Leben betrifft."[47]

Diese Stelle aus einem der zahlreichen und eindrücklichen Briefe von Vincent van Gogh, geschrieben am 29. Juli 1888 in Arles an seinen Bruder Theo in Paris, benennt allgemein einen möglichen Wendepunkt eines innovativen Kunstschaffenden. Pointiert gesagt trifft dieser Wendepunkt als kulturelle Vorstellung präzise auf van Gogh zu. Schon sein Vater wollte seinen neunundzwanzigjährigen Sohn in eine Nervenheilanstalt einweisen lassen. Achtzig Bürger von Arles richteten ein Gesuch an den Bürgermeister, van Gogh zu internieren. Van Gogh zog sich in eine Einrichtung in Saint-Rémy zurück. Der Kunsthistoriker Uwe M. Schneede schreibt: „Es muss hier auf

47 Vincent van Gogh: Briefe an den Bruder Theo, Band II, herausgegeben und kommentiert von Fritz Erpel, aus dem Holländischen, Französischen und Englischen von Eva Schumann, Zürich 1959, S. 175 (Brief 514). (Ich beziehe mich in der Darstellung van Goghs auf meinen Abschnitt in: Christian Mürner: Malerische Kompetenz. Bildende Künstler mit Behinderung, Herzogenrath 2005, S. 53–58.)

dergleichen biografische Einzelheiten eingegangen werden, weil sie sich einerseits individuell auf den Künstler und sein Werk auswirken und sie andererseits den Ursprung für den Bruch des Künstlers mit der Gesellschaft in der Moderne bezeugen und anschaulich machen."[48] Weitere Zeitgenossen in Amsterdam, Paris und anderen Orten haben van Goghs Verhalten und seine Bilder als „verrückt" eingestuft. In einem Brief vom 24. März 1889 an seinen Bruder schrieb van Gogh: „Ich gedenke meinen Beruf als Verrückter ebenso gelassen hinzunehmen wie Degas den Beruf als Notar. Aber ich fühle eben nicht ganz die nötige Kraft, eine solche Rolle zu übernehmen."[49]

Van Gogh machte eine Lehre als Kunst- und Buchhändler. In Dordrecht teilte er das Zimmer mit einem Hilfslehrer, der von ihm berichtete: „Er war ein Mann, der vom gewöhnlichen Typus der Menschenkinder völlig abwich. Sein Gesicht war hässlich, sein Mund mehr oder weniger schief, überdies war sein Gesicht voll Sommersprossen, und seine Haarfarbe ging ins Rötliche. Wie gesagt, sein Gesicht war hässlich, aber wenn er über Religion und über Kunst sprach und dabei, was sehr schnell geschah, ins Feuer geriet, dann leuchteten seine Augen, und seine Gesichtszüge machten auf mich wenigstens einen tiefen Eindruck; es war nicht mehr dasselbe Gesicht, es war schön geworden."[50]

48 Uwe M. Schneede: Vincent van Gogh, München 2003, S. 23, S. 21, S. 90.

49 Vincent van Gogh: a.a.O., S. 249 (Brief 581).

50 Zit. nach Anton Neumayr: Kunst und Medizin, Wien 1996, S. 230.

Dann studierte er Theologie und gab Bibelstunden. Als van Gogh als Prediger entlassen wurde, geriet er in eine „schwere Lebenskrise", die er überwand, „weil er wieder zum Stift griff und zeichnete"[51]. Van Gogh entdeckte für sich die „Kunst als Lebensmöglichkeit". Er zeichnete und malte, wie er sagte, *„aus Notwendigkeit,* um innerlich nicht so zu leiden." Mit anderen Worten: „Das Bildermachen ist seine schöpferische Antwort auf alles, was er empfindet und erleidet, ist also immer auch autobiografisch begründet. Daran ist bei jeder Deutung zu denken."

Für Paul Gauguin (1848–1903), mit dem van Gogh in Arles zusammenlebte, stand die „Geisteskrankheit" des Künstlerkollegen fest, möglicherweise um sich von seiner Verantwortung oder Beteiligung an dem berühmten Vorfall zu entlasten, bei dem van Gogh sich selbst das Ohrläppchen verletzte.[52] Während der Zeiten seiner Krisen und mutmaßlichen epileptischen Attacken, die zu jener Zeit noch nicht behandelbar waren, malte van Gogh nicht. Er hatte eine ungewöhnliche „Krankheitseinsicht".

Im Juni 1890 in Auvers-sur-Oise, in den letzten Monaten seines Lebens vor seinem Suizid, malte van Gogh ein Porträt von seinem Arzt Dr. Paul Gachet (1828–1909), der van Goghs gesundheitlichen Probleme vermutlich unterschätzte. In der Kunstgeschichte gilt dieses Bildnis als Brennpunkt für van Goghs markanten Stil. Beim Malen des Porträts des Dr. Gachet, bemerkte die Kunsthistorikerin Cynthia Saltzman, „kehrte van

51 Walter Nigg: Vincent van Gogh, Zürich 2003 (1948), S. 41, folgendes Zitat, S. 85.

52 Anton Neumayr: a.a.O., S. 279.

Gogh die Rolle von Patient und Arzt um und führte Gachet als den Patienten aus, der von der gleichen Krankheit geplagt wurde wie er“[53]. Auch die Requisiten des Bildes nehmen Bezug auf diese Transformation. Aus den Blättern der Digitalis (des Fingerhuts) wird ein Arzneimittel fürs Herz gewonnen und die beiden dargestellten Bücher behandeln das Thema Kunst und Neurose. Gachets aschfahle Hautfarbe und vor allem sein leicht geneigter Kopf, den er mit der zur Faust geballten Hand abstützt, gehörte zur „klassischen Pose der Melancholie“. Van Gogh kannte entsprechende Vor-Bilder. Im Übrigen hatte Gachet über Melancholie promoviert und in seiner Freizeit selbst gemalt. Van Goghs typischen kurzen Pinselstriche, die sich von der Jacke über die Landschaft im Hintergrund und den Himmel um den Kopf herum fortsetzen, bestimmen den Rhythmus. Van Gogh malte das Porträt innerhalb von zwei oder drei Tagen. Das Bild ist 67 × 56 cm groß. Es war eines von über sechshundert Gemälden, die van Gogh in zehn Jahren gemalt hatte. Darunter siebzig Porträts, davon mehr als die Hälfte Selbstporträts. Die Legende vom „einsamen Genie“ van Goghs orientierte sich kaum an der künstlerischen Arbeit, sondern vor allem an der Krankheit. Dies wurde in den letzten Jahren nach und nach entmystifiziert.[54] Das *Bildnis des Dr. Gachet* wurde daher als revolutionäres modernes Porträt bezeichnet, dessen Komplexität und „emotionale Macht“ Respekt fordere.

53 Vgl. Cynthia Saltzman: Das Bildnis des Dr. Gachet, Biographie eines Meisterwerks, Frankfurt a. M.; Leipzig 2000, S. 62; vgl. Christian Mürner: Biografie eines Bildes. In: WoZ, Die Wochenzeitung, Nr. 29, 20. Juli 2000, S. 13.

54 Vgl. art, Das Kunstmagazin, Nr. 3, März 2003; vgl. Steven Naifeh; Gregory White Smith: Van Gogh. Sein Leben, Frankfurt a. M. 2012.

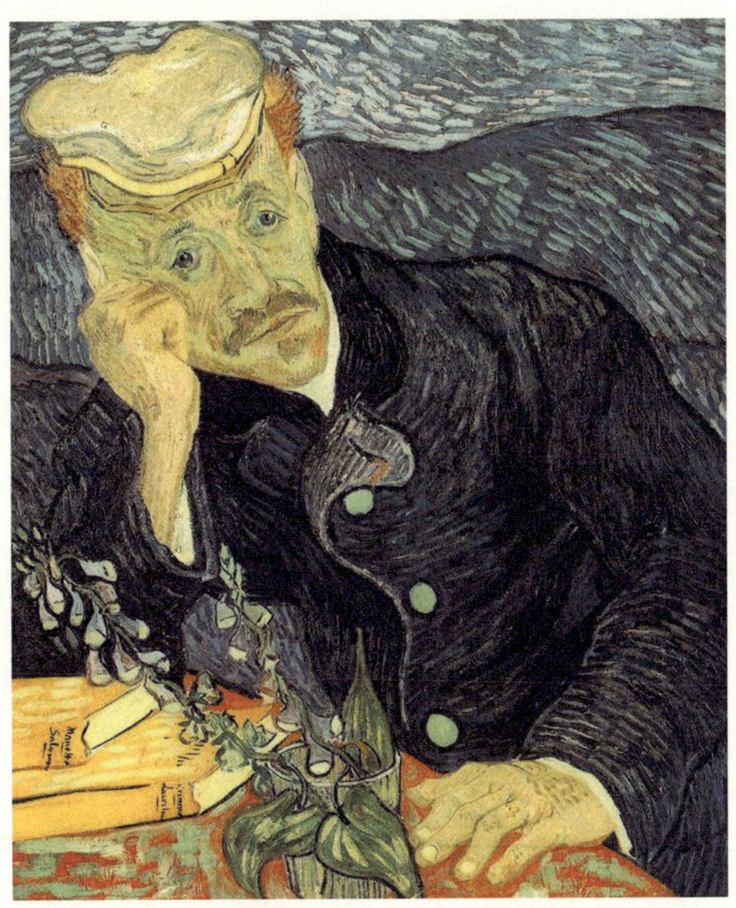

Abb. 4 – Vincent van Gogh:
Porträt des Dr. Gachet, 1890,
Öl auf Leinwand, 67 × 56 cm,
Private Sammlung Tokyo.

Lovis Corinth
(1858–1925)

„Meine Bilder von heute, die zum größten Teil dem Besucher noch unbekannt sind, […] schienen mir anfangs durch manche Heimsuchung des Schicksals im Schaffen behindert zu sein, aber dennoch hoffe ich, mit Energie das Schwierige überwunden zu haben, und denke noch weiter meinen Weg fortzusetzen."[55]

Mit diesem Satz bezog sich Lovis Corinth in einem Text im Katalog des Kunstsalons Paul Cassirer in Berlin 1913 auf sein Lebenswerk, das nun Gelegenheit zur erneuten Betrachtung biete. Viele Bilder waren Leihgaben, die in Privathäusern im Verborgenen, also bisher nicht öffentlich gezeigt wurden. Sie würden aber auch ihm, Corinth, eine Übersicht verschaffen, so dass er Umbrüche festhalten könne.

Es gibt zwei sich widersprechende Einschätzungen von Lovis Corinths Lebenswerk. Sie beziehen sich vor allem auf den zentralen Wendepunkt durch seinen Schlaganfall im Alter von 53 Jahren im Dezember 1911 und dessen Auswirkung auf seine

55 Bernhard Echte; Walter Feilchenfeldt: Kunstsalon Paul Cassirer, Band 6, Wädenswil 2016, S. 244; vgl. auch Ulrich Luckhardt: Lovis Corinth und die Hamburger Kunsthalle, Hamburg 1997, S. 35. (In diesem Abschnitt greife ich zurück auf meine Darstellung Lovis Corinths in: Christian Mürner: Malerische Kompetenz. Bildende Künstler mit Behinderung, Herzogenrath 2005, S. 58–60.)

Malerei. Die einen behaupten, seine Werke seien ein „Spiegelbild des körperlichen Verfalls", die anderen sagen, die Bilder hätten dadurch etwas Besonderes bekommen.

In seiner „Selbstbiografie", die zwischen 1912 und 1925 entstand, schrieb Corinth: „Im Dezember 1911 hatte ich einen Krankheitsfall auszuhalten, der mich dem Tode nahebrachte." Er gelobte, „von nun an aber auch ganz bestimmt einen anderen Menschen anzuziehen"[56]. Nach dem Schlaganfall erholte sich Corinth, „zurück bleiben Lähmungserscheinungen (Zittern der Hände), die stärker oder schwächer auftreten können. Eindrucksvolle Schilderungen von Zeitgenossen sprechen einerseits von der Hilflosigkeit des Malers – wenn es ihm nicht gelang, auf einer Einladung beim Reichspräsidenten Ebert ihm angebotene Zigarren aus der Kiste zu greifen –, heben aber andererseits das ‚Wunder' hervor, dass eben diese Hände, sobald sie Pinsel oder Radiernadel halten, von letzter Festigkeit und Sicherheit sind."[57] Corinth wird als „positives Patientenbeispiel" bezeichnet. Er war mit den Einschränkungen der linken Hand und der Gehfähigkeit weiterhin aktiv. Corinths Lebensmut ging mit depressiven Phasen einher, auf die er in seiner „Selbstbiografie" verwies und in denen er dann seine Malerei als „Mist" empfand.[58]

56 Lovis Corinth: Selbstbiographie (1926), Berlin 2014, S. 74.

57 Georg Bussmann: Lovis Corinth. Carmencita, Frankfurt a. M. 1985, S. 38; vgl. S. Hesse; M. Krause-Schäfer: Die Selbstbildnisse des Malers Lovis Corinth und sein Schlaganfall, in: NeuroGeriatrie 2010, 7 (2/3), S. 65.

58 Vgl. Lovis Corinth: Selbstbiographie (1926), Berlin 2014, S. 101; vgl. Matthias Mühling: Krankheit und Genie, in: Ulrich Luckhardt; Uwe M.

In ihrer Femeausstellung *Entartete Kunst* 1937 stellten die Nationalsozialisten die Bilder Corinths bloß, mehr als zehn Jahre nach dessen Tod, mit dem Zusatz „Gemalt nach dem Schlaganfall", und man nannte ihn in Anspielung auf die oft „provokant inszenierte" Art seiner Malerei „Schlächtermeister des Pinsels"[59]. Auch wurde ein Bezug auf den Beruf seines Vaters hergestellt, der als Gerber mit Metzgern als Geschäftspartnern verkehrte. Corinth wurde in Ostpreußen geboren, in der Nähe von Königsberg, wo er dann auch das Gymnasium besuchte und an der Kunstakademie studierte. Das Studium der Malerei setzte er in München, Antwerpen und Paris fort. Ab 1901 lebte und arbeitete er in Berlin. Er war Mitglied der Akademie der Künste. In den letzten Lebensjahren zog Corinth sich im Sommer in ein Haus am Walchensee zurück, wo seine Landschaftsbilder entstanden.

Doch: „Von Beginn an war Corinth vor allem Figurenmaler."[60] Das Porträt nahm in Corinths Werk einen wichtigen Platz ein, und vor allem – wie bei van Gogh – beeindrucken die Selbstporträts. „Seit 1918 schuf Corinth an jedem Geburtstag ein Selbstbildnis."[61] Seine Frau Charlotte Berend-Corinth be-

Schneede: Ich, Lovis Corinth. Die Selbstbildnisse (Katalog Hamburger Kunsthalle), Ostfildern-Ruit 2004, S. 69.

59 Georg Bussmann: a.a.O., S. 66; vgl. Dagmar Lott-Reschke: Ritter Lovis – Tugendheld und Freiheitskämpfer, in: Ulrich Luckhardt; Uwe M. Schneede: Ich, Lovis Corinth. Die Selbstbildnisse (Katalog Hamburger Kunsthalle), Ostfildern-Ruit 2004, S. 17; vgl. Michael F. Zimmermann: Lovis Corinth, München 2008, S. 42 ff.

60 Georg Bussmann: a.a.O., S. 51.

61 Mechthild Frick: Lovis Corinth, Berlin 1989, o. S.

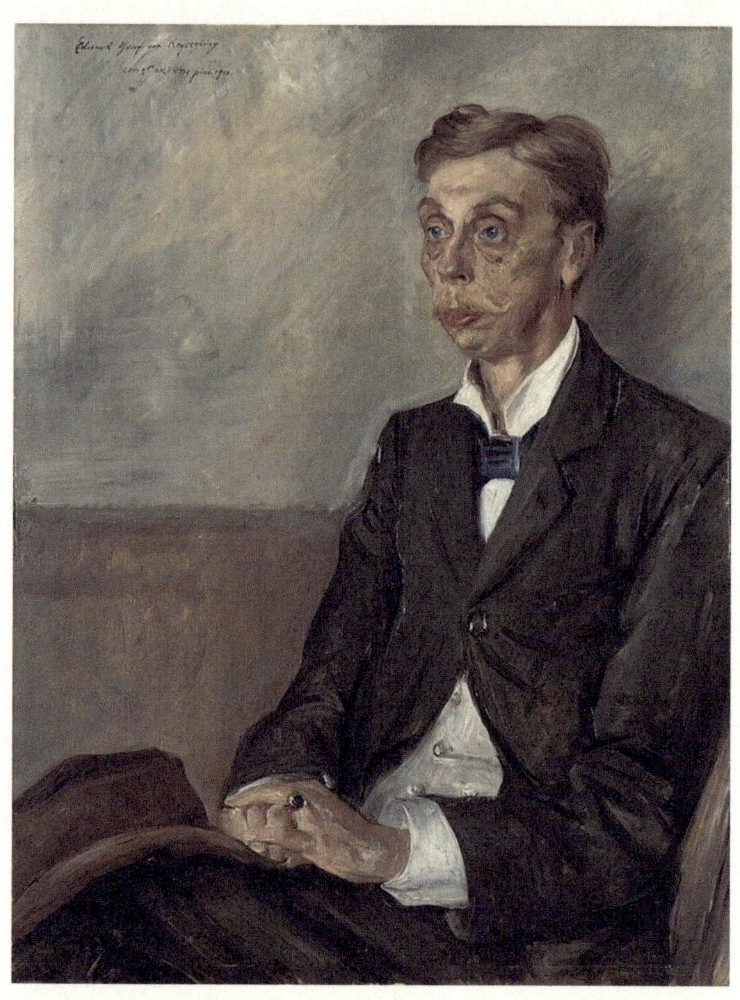

Abb. 5 – Lovis Corinth:
Eduard Graf von Keyserling, 1900,
Öl auf Leinwand, 100,0 × 75,5 cm,
Bayerische Staatsgemäldesammlungen –
Neue Pinakothek München.

merkte 1958: „Das waren sehr ernste und kritische Begegnungen mit dem eigenen Ich. Nach dem Schlaganfall, nachdem er das metaphysische Grauen erlebt und (wie er im Tagebuch notierte) ‚das Nichts gesehen' hatte, schien er mehr zu erschauen, als das Spiegelglas ihm an visuell Wahrnehmbaren bot."[62] Die Selbstporträts waren eigentlich als eine „private Bestandsaufnahme" gedacht. Deshalb sprach man dann auch von einer „gemalten Autobiografie"[63]. Sie zeigen ihn in erster Linie im Kampf mit seinen Leiden, aber es gibt auch Porträts, in denen er diesen Kampf als Lebensfreude darstellt und interpretiert. Im Zentrum steht sein Blick, direkt in den Spiegel, direkt auf diejenigen, die ihn betrachten.

Das *Bildnis von Eduard Graf von Keyserling* – der Dichter und Dramatiker wurde damals als einer der hässlichsten Zeitgenossen bezeichnet – aus dem Jahr 1900 galt als sachliche Veranschaulichung eines „degenerierten Adelsgeschlechts", über das Keyserling selbst schrieb. Dargestellt ist der baltische Schriftsteller (1855–1918) im Alter von 46 Jahren. Auch bei anderen Porträts und Modellen erwähnte man: „Hässlichkeit scheint Corinth gerade Spaß zu machen." Aber nicht die „Hässlichkeit" stand bei Corinth im Vordergrund, sondern „seine Anteilnahme an den Modellen"[64]. Keyserling erkrank-

62 Charlotte Berend-Corinth, zit. in: Ulrich Luckhardt; Uwe M. Schneede: Ich, Lovis Corinth. Die Selbstbildnisse (Katalog Hamburger Kunsthalle), Ostfildern-Ruit 2004, S. 9.

63 Michael F. Zimmermann: Lovis Corinth, München 2008, S. 110.

64 Ebd., S. 104; vgl. Ulrich Luckhardt: Lovis Corinth und die Hamburger Kunsthalle, Hamburg 1997, S. 15.

te an fortschreitenden Rückenmarksbeschwerden. Er erblindete im Alter, und dies glaubte man dem Porträt und dessen „krampfhaft-starrem“ Blick entnehmen zu können.

Anna Mary Robertson Moses
(1860–1961)

„Als ich zuerst begann, in Öl zu malen, meinte ich jedes Mal, dies würde mein letztes Bild sein. Ich interessierte mich daher nicht besonders dafür."[65]

Das handschriftliche Manuskript unter dem Titel *Wie ich male* von 1947 setzte Anna Mary Robertson Moses (genannt *Grandma Moses*) wie folgt fort: dass dann aber eben Nachfragen nach bestimmten Bildern gekommen seien. So habe sie weitergemalt. „Ich glaube, meine Bilder sind jetzt besser als am Anfang. Das kommt aber daher, dass ich bessere Pinsel und bessere Farbe habe."[66] Die ersten Farben und Pinsel hatte sie bei einem großen Warenversandhaus bestellt.

Moses begann im Alter von über siebzig Jahren zu malen. Der Wendepunkt ist die Arthritis, die ihre lebenslange körperliche Arbeit als Farmersfrau unmöglich machte. Sie war dreißig Jahre bis zu ihrem Tod künstlerisch tätig, obwohl sie der „Kunstwelt ihrer Zeit"[67] fernstand. Einige frühe Bilder schickte sie erstmals öffentlich zusammen mit ihren Obstkonserven und ihrer selbstgemachten Himbeermarmelade auf einen Jahrmarkt. Sie

65 Anna Mary Robertson Moses, zit. nach Otto Kallir: Grandma Moses. Ihre Kunst und ihre Persönlichkeit, Köln 1979, S. 189.

66 Ebd.; vgl. auch Grandma Moses: Meine Lebensgeschichte, West-Berlin 1957, S. 145.

67 Otto Kallir: a.a.O., S. 12 f.

gewann einen Preis – für die Marmelade. Für die Bilder interessierte sich niemand. Moses brachte sie daraufhin in den Drugstore im benachbarten Hoosick Falls, wo sie einkaufte. Dort wurden die Bilder im Schaufenster platziert. Zu Ostern 1938 hielt der New Yorker Ingenieur und Kunstsammler Louis J. Caldor (1898–1973) am Drugstore. Er kaufte Moses' Bilder und fragte nach der Künstlerin sowie nach ihrem Wohnort. Er fuhr auch gleich zu dem kleinem Holzhaus, aber sie war nicht zu Hause.[68] Um die von ihrer Schwiegertochter dem Sammler angekündigten zehn Bilder zeigen zu können, zerschnitt sie in der Nacht eines ihrer großen Bilder. Das fiel dem Sammler erst viel später auf, weil es so hervorragend gemacht war.

Die Geschäftsreise Caldors wurde zum künstlerischen Wendepunkt Moses'. Er kam am nächsten Tag wieder und kaufte alle Bilder. Er versuchte, zuerst vergeblich, Galeristen und andere Kunstsammler für Moses' Arbeiten zu interessieren. 1939 gelang es ihm, drei Bilder in der Ausstellung *Unbekannte zeitgenössische amerikanische Maler* im Museum of Modern Art unterzubringen. 1939 war auch das Jahr, in dem der aus Wien emigrierte Kunsthistoriker und Galerist Otto Kallir (1894–1978) Moses' Kunst kennenlernte, förderte und ausstellte. Ende 1940 zeigte er eine Einzelausstellung unter dem Titel *Was eine Farmersfrau malte – Arbeiten der Frau Anna Mary Moses.* In einem Vorbericht zur Ausstellung in der *New York Herald Tribune* tauchte ihr sie im Folgenden bekannt machender Name als Künstlerin: *Grandma Moses* zum ersten

68 Vgl. Grandma Moses: a.a.O., S. 141.

Mal auf.[69] Sie war achtzig Jahre alt. Sie gab allen Auskünfte, war schlagfertig, humorvoll und blieb bescheiden, auch nach prominenten Anfragen aus dem Weißen Haus in Washington. Auf die ihr oft gestellte Frage, wie sie zum Malen gekommen sei, sagte sie, dass die Erinnerung Malerei sei und dass sie, wenn sie nicht zu malen begonnen hätte, Hühner gezüchtet hätte.[70]

Mit Malen begann sie, indem sie zuerst einen alten Rahmen suchte, für den sie dann eine Pressholzplatte zurechtsägte. Diese grundierte sie dreimal mit mattem Weiß. Meistens arbeitete sie an mehreren Bildern gleichzeitig. „Ich fange oben mit dem Himmel an, male ihn erst auf dem ersten Bild, dann auf dem zweiten usw. Wenn der Himmel auf dem vierten Bild fertig ist, ist er auf dem ersten trocken, und ich kann mit den Bergen, oder was es gerade ist, anfangen, immer von oben herunter."[71]

Ihr Stil wird in der Regel zur „naiven" oder „primitiven" Malerei, zur „Bauernmalerei" oder „Sonntagsmalerei" gezählt, sachlich zutreffend ist der autobiografische, autodidaktische und populäre Wesenszug ihrer Ausdrucks- und Darstellungssowie ihrer beharrlichen Arbeitsweise. Moses' Landschaften haben „sanfte pastellartige Töne" mit einer „Feinheit von Farbnuancen"[72], die sanften Hügel und die gegenläufig geschwun-

69 Vgl. Otto Kallir: a.a.O., S. 14 f.

70 Vgl. Grandma Moses: a.a.O., S. 35, S. 145, S. 150.

71 Anna Mary Robertson Moses, zit. nach Der Spiegel Nr. 10, 5. März 1949, S. 24. Vgl. https://www.spiegel.de/spiegel/print/d-44435997.html (18.02.2021).

72 Otto Kallir: a.a.O., S. 10, S. 19, S. 24.

genen Straßen ergeben ein harmonisches Bild. Ihre eindrücklichen Schneelandschaften mit blauem Himmel glitzern, dazu benutzte sie Glasstaub. Kallir, ihr Galerist, versuchte sie davon abzuhalten, aber sie bestand darauf, nur so sei es „eine richtige Winterlandschaft". Die Darstellungen und Variationen zur Ahornzucker-Ernte im Frühjahr, wenn noch Schnee liegt, beeindrucken durch ihre Kontraste. Moses' Bild *Schwarze Pferde* von 1942, die sich in dem Landschaftsbild eher beiläufig vorne rechts „lebhaft tummeln", bezeichnete Otto Kallir „als den Wendepunkt in meiner Beurteilung der Künstlerin". – „Hatte ich bis dahin die Bilder der Grandma Moses als interessante und ansprechende Werke der Volkskunst eingeschätzt, so wurde mir mit einem Schlag klar, dass es sich hier um eine wirkliche Malerin handelte."[73]

73 Otto Kallir: a. a. O., S. 43.

Helene Schjerfbeck
(1862–1946)

„Ist Dir noch nie aufgefallen, wie unangenehm es ist, einen Raum zu betreten, wo wirkliche Menschen an den Wänden hängen? [...] Ich versuche eine scharfe Grenze um die Kunst zu ziehen, sie nicht in die Wirklichkeit übergehen zu lassen wie in einem alten Panorama."[74]

Dies schrieb Helene Schjerfbeck in einem Brief 1915 an ihre Freundin und Malerin Maria Wiik (1853–1928), mit der sie zusammen in Paris war. Die Stelle kann als implizite Begründung für den abstrakten Stil gelten, in dem Figuren nicht als „wirkliche Menschen", d. h. „nach der Natur" erscheinen, sondern als Bild, als symbolisch repräsentiert. Aber Schjerfbeck malte mit Modellen, und wenn diese dazukamen, entstand eine soziale Atmosphäre, die die „scharfe Grenze" abmilderte. „Sie sitzen da, manche von ihnen geben etwas, was um sie ist, strahlen etwas von dem aus, was alles weich macht und das man gerne malen möchte", bemerkte Schjerfbeck ein paar Jahre später. Und fügte ferner hinzu: „Wenn man diese Lust zu malen hat - warum wird sie einem durch ständige Krankheit genommen? Man ist so müde vom Kampf - möchte sich setzen und nur ein kleines, müdes, Strümpfe strickendes Wesen

74 Helene Schjerfbeck, zit. nach Annabella Görgen: „... und ich fürchte, ich begehre große, tiefe und wunderbare Dinge", in: Dies.; Hubertus Gassner: Helene Schjerfbeck, Hamburger Kunsthalle, München 2007, S. 13; folgende Zitate, S. 14 f.; vgl. S. 41.

sein. Aber dann lockt die Kunst wieder – und doch ist es eine Frechheit, meine Arbeit Kunst zu nennen." Diese angedeuteten Auseinandersetzungen, Wendepunkte und Eigendeutungen irritierten nicht die Interpretationen, die die Wahrnehmung ihres Werkes oft durch ihre Lebenssituation bewerteten.

Schjerfbeck wurde in Helsinki geboren. Bei einem Treppensturz mit vier Jahren verletzte sie sich die Hüfte und hinkte in der Folge zeit ihres Lebens.[75] Schon die zeichnerisch talentierte Siebzehnjährige nahm an der Jahresausstellung der „Finnischen Kunstgesellschaft" teil. Dann fuhr sie zum Malstudium innerhalb von zehn Jahren für einige Monate sechsmal nach Paris, hielt sich auch in Italien und England auf. Diese Aufenthalte waren entscheidend für ihre künstlerische Entwicklung. Zurück in Helsinki arbeitete sie als Zeichenlehrerin für die „Kunstgesellschaft". Aufgrund ihrer Atemwegserkrankung ergaben sich mehrere Unterbrechungen ihrer Lehr- und künstlerischen Tätigkeiten. Sie reiste nicht mehr. Sie zog mit ihrer Mutter, die sie betreute und die die Kunst ihrer Tochter für „brotloses Gewerbe"[76] hielt, in eine kleine Wohnung in dem nördlich von Helsinki gelegenen, ländlichen Hyvinkää; später, nach dem Tod ihrer Mutter, wohnte sie im südlichen Küstenort Ekenäs/Tammisaari, zuletzt in einem „Kurhotel in der Nähe von Stockholm, wohin sie aufgrund der Kriegsunruhen geflohen war"[77].

75 Nach Annabella Görgen; Hubertus Gassner: a. a. O., S. 171; vgl. Barbara Beuys: Helene Schjerfbeck, Berlin 2016, S. 11, S. 18.

76 Vgl. Barbara Beuys: a.a.O., S. 55, S. 75.

77 Annika Landmann: Helene Schjerfbecks Selbstbildnisse – an den Grenzen des Ichs, Hamburg 2018, S. 16, S. 99; folgende Zitate, S. 198, S. 112; vgl.

Schjerfbecks Werke wurden regelmäßig in Gruppen- und Einzelausstellungen präsentiert. Mit der öffentlichen Meinung oder der umstrittenen Kunstkritik wurde „sie nur ungern konfrontiert". Sie arbeitete experimentell, „ohne feststehendes visuelles Ziel", das hieß traditionell, dass Denken beim Malen stört. Für Schjerfbeck gab es ohnehin keine „vollendeten" Kunstwerke.[78] Sie ergänzte jedoch: „Ich habe neulich nicht genau genug darüber geschrieben, was man während des Malens denkt – man denkt [an] Farbe, bearbeitet diese, wechselt viele Male die Töne, Flächen, keineswegs gleichmäßig – das wisst Ihr selbst. Darüber hinaus singen viele Maler leise vor sich hin. Ich wiederhole etwas leise rhythmisch, immer dasselbe oder dann eine Strophe von einem Gedicht [...]."[79]

Vor allem bei Schjerfbecks Selbstbildnissen wurden oft unbedacht mögliche Einflüsse ihrer Krankheitsumstände und ihrer privaten Situation neben die Malerei als ihren „Lebensauftrag" gestellt. Sie fürchtete zum einen, dass sie kein Bild mehr malen könne, andererseits hoffte sie, „wenigstens ein gutes Bild gemalt zu haben"[80].

In den letzten Jahren ihres Lebens entstand eine Serie von Selbstporträts, die nach Uwe M. Schneede als Brennpunkt ihres Werks betrachtet werden können. Er schreibt: „Hele-

https://hup.sub.uni-hamburg.de//volltexte/2018/190/pdf/HUP_HHD_002_Landmann_Schjerfbeck.pdf (14.05.2021).

78 Vgl. Barbara Beuys: a.a.O., S. 120.

79 Helene Schjerfbeck, zit. nach Annika Landmann: a.a.O., S. 112.

80 Barbara Beuys: a.a.O., S. 354, S. 181; vgl. Annika Landmann: a.a.O., S. 19.

ne Schjerfbeck hatte sich – zumal als Künstlerin – mit ihren Selbstbildnissen zwar eher introvertiert, aber doch offensiv der Missachtung erwehrt. Ansonsten hielten sich ihre Selbstdarstellungen von den Krankheiten und den persönlichen Verletzungen frei; auch von Lebensangst künden sie nicht. Sie bilden eine Reihe grundsätzlicher Existenzbekundungen im Erschrecken vor der Welt und ihrem Vergänglichkeitsgesetz. Im Alter streifte sie alles ringsum ab. Ihr Bild von sich selbst verflüchtigte sich; es verging mit ihr.“[81]

81 Uwe M. Schneede: „So offenbart der Maler seine Seele“, in: Annabella Görgen; Hubertus Gassner: a. a. O., S. 39.

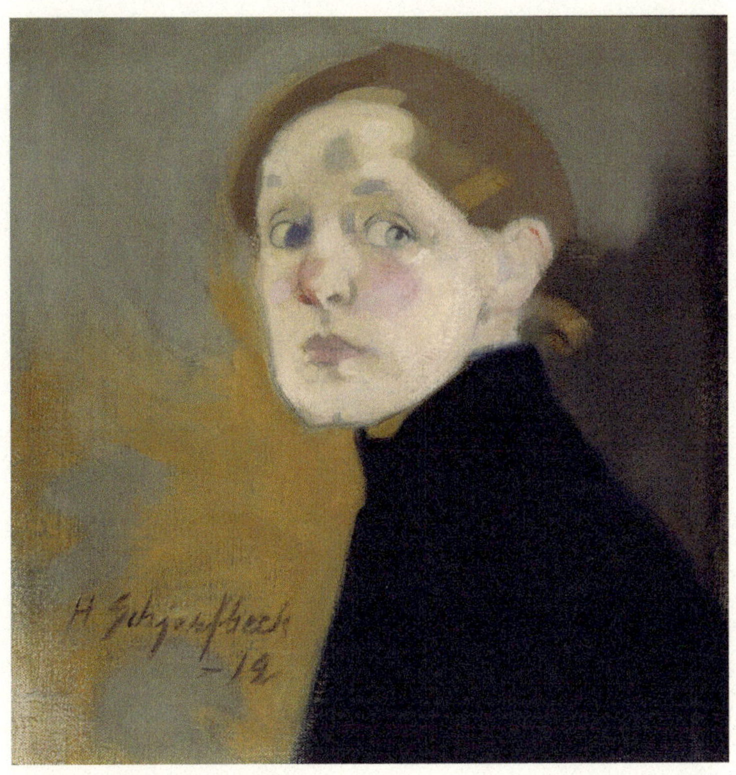

Abb. 6 – Helene Schjerfbeck:
Selbstbildnis, 1912,
Öl auf Leinwand, 43,5 cm x 42 cm,
Finnische Nationalgalerie Helsinki.

Edvard Munch

(1863–1944)

„Meine Krankheit wurde immer schlimmer und schlimmer. Vergebens suchte ich Heilung in Sanatorien in Kösen und Elgersburg sowie im Badeort Warnemünde, wo ich badende Männer malte. Schließlich musste ich mich nach einem schweren Zusammenbruch 1907–1908 in Jacobsons Klinik in Kopenhagen begeben. Mein Trost in jener Zeit war, dass ich spürte, dass meine Schaffenskraft nicht beeinträchtigt war."[82]

Unter den Erholung suchenden Badegästen – Kaufleute, Fabrikanten, Beamte und Militärs und deren Frauen – im Badeort Warnemünde fiel Edvard Munch, der bekannte, in bürgerlichen Kreisen umstrittene Künstler, zunächst nicht auf. Er trug Anzug und Krawatte wie alle anderen. Erst als er am Strand von Warnemünde nackte Männer malte, gab er Anlass für öffentlichen Unwillen, weil er gegen die Badeordnung verstieß.

Er hatte ein kleines Haus in Warnemünde gemietet und eine unangenehme Hausangestellte eingestellt, er entließ sie später. Munch kam aus Berlin. Eine aufsehenerregende Ausstellung 1892 beim Verein Berliner Künstler, viele Reisen und eine anstrengende Bühnenbild-Arbeit im Rahmen der Berliner Kammerspiele bei Max Reinhardt lagen hinter ihm. Er malte am

82 Edvard Munch, zit. in: Bernd Erhard Fischer: Edvard Munch in Warnemünde, Berlin 2011, S. 20.

Tag und trank in der Nacht. Eine bittere Beziehung zu Tulla Larsen führte in einer gewalttätigen Auseinandersetzung zum Verlust des obersten Gliedes seines linken Mittelfingers und zu anhaltenden Schmerzen beim Halten der Farbpalette.[83] In Warnemünde wollte er sich erholen und „vor allem zu sich selbst finden"[84]. Er fühlte sich verfolgt und die Anzeichen einer Nervenkrise nahmen zu. Freunde brachten ihn nach Kopenhagen in die Klinik des Psychiaters Daniel Jacobson (1861–1939), ins „Gefangnisz für feinere Verbrecheraristokraten – was mann nennt Nervensanatorium"[85], wie Munch in einem Brief schrieb. Zur Heilung zählt ein lebensgroßes Porträt des Psychiaters, von dem sich Munch beherrscht fühlte. Durch das Porträt, sagte Munch, könne er ihn beherrschen und ihn zu seinem Gefangenen machen. Der Wendepunkt des psychischen Zusammenbruchs beeinträchtigte nicht seine Arbeitskraft und seine Malerei, im Gegenteil, sein Stil verdeutlichte sich, wurde locker, spontan, farbstark, intensiv. Doch entsprach dies trotz seiner Bekanntheit nicht dem allgemeinen Publikumsgeschmack. Auch Jakobson beurteilte sein Porträt von Munch als „vollkommen verrückt"[86]. Dieses Etikett hatte Munch schon selbstironisch in seinem Bild *Der Schrei* vorweggenommen, indem er oben links kaum erkennbar mit Bleistift hineinschrieb: „kan kun være malet af en gal mand" („kann

83 Vgl. Matthias Arnold: Edvard Munch, Reinbek bei Hamburg 1986, S. 91 f.

84 Bernd Erhard Fischer: a.a.O., S. 3 f., S. 13 ff.; vgl. Matthias Arnold: Edvard Munch, Reinbek bei Hamburg 1986, S. 91 f.

85 Edvard Munch, zit. in: Bernd Erhard Fischer: a.a.O., S. 20.

86 Matthias Arnold: a.a.O., S. 107, S. 105, S. 98.

nur von einem verrückten Mann gemalt worden sein")[87]. Der Versuch der Ächtung moderner Künstler durch das Stigma „geisteskrank" war Anfang des 20. Jahrhunderts weit verbreitet. Munch schrieb: „Ich möchte meine Krankheit nicht ablehnen, denn meine Kunst schuldet ihr viel."[88] Der Wendepunkt zur allgemeineren Anerkennung einer Kunst besteht darin, dass diese als „ungewiss", als noch nicht einer bestimmten Richtung zugehörig bestimmt werden kann. Gerade durch diese Unbestimmtheit löst sie Aufmerksamkeit und Interesse, auch Abwehrmechanismen oder Begeisterung aus.[89]

Munch zählt mit Cézanne und van Gogh zu den Wegbereitern der modernen Kunst des 20. Jahrhunderts. Das lässt sich am besten mit Munchs Bild *Das kranke Kind* (1885/86) aufzeigen. Es löste in einer Ausstellung in Oslo Entrüstung aus, „Gelächter und Geschrei", wie Munch es erlebte und berichtete. Die Darstellung des in einem Sessel mit großem Kissen sitzenden blassen Kindes, daneben eine zu ihm hingebeugte Frau, lässt sich als „unnachsichtige subjektive Erinnerungsarbeit"[90] deuten. Munchs Mutter starb früh, auch den Tod seiner Schwester erlebte er sowie den eines seiner Brüder. Krankheit und Tod prägten seine Kunst.[91] Das Motiv und sein leidvoller familiärer

87 Siehe Ausschnitt bei: https://de.wikipedia.org/wiki/Der_Schrei

88 Edvard Munch, zit. in: Matthias Arnold: a.a.O., S. 7.

89 Vgl. Karl Ove Knausgård: So viel Sehnsucht auf so kleiner Fläche. Edvard Munch und seine Bilder, München 2019, S. 209.

90 Uwe M. Schneede: Edvard Munch. Das kranke Kind, Frankfurt a. M. 1984, S. 72, S. 11 f.

91 Matthias Arnold: a.a.O., S. 16.

Hintergrund wird durch die „Machart“[92], die Maltechnik des Bildes ergänzt oder durchdrungen. Durch wiederholtes Übermalen und Wegkratzen wirkt es roh und unfertig, bildet durch diesen eigenwilligen handgreiflichen Herstellungsprozess die dem Inhalt nachempfundene Auseinandersetzung ab. Das Bild habe ihm, dem selbst oft kranken, jungen Munch, neue Wege eröffnet, sagte er später: „Es wurde zu einem Durchbruch in meiner Kunst.“[93] Munch hielt fest: „Durch meine Kunst habe ich probiert, mir das Leben und seine Bedeutung zu erklären. Dabei wollte ich auch anderen helfen, sich mit dem Leben auseinanderzusetzen.“

92 Uwe M. Schneede: a.a.O., 1984, S. 39 ff.

93 Edvard Munch, zit. nach Matthias Arnold: a.a.O., S. 22, folgendes Zitat, S. 7.

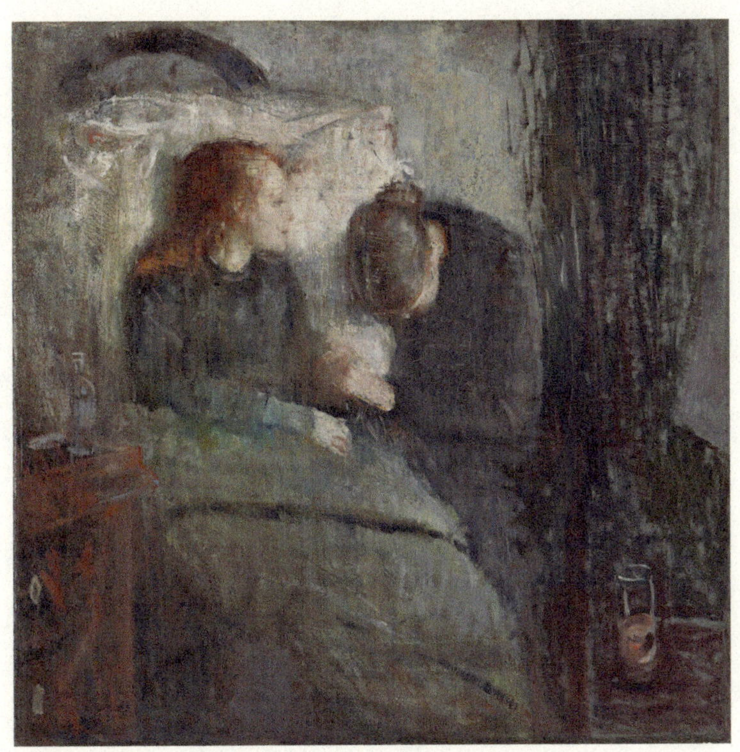

Abb. 7 – Edvard Munch:
Das kranke Kind, 1885/86,
Öl auf Leinwand, 119,5 x 118,5 cm,
Norwegische Nationalgalerie Oslo.

Adolf Wölfli

(1864–1930)

„Das gibt zu tun! Sie können sich gar nicht vorstellen, wie man dabei seinen Kopf anstrengen muss, um nichts zu vergessen. Man würde sicher verrückt darob, wenn man's nicht schon wäre."[94]

Dies sagte Adolf Wölfli zu seinem Psychiater Walter Morgenthaler (1882–1965), der ihn einige Jahre in der *Bernischen kantonalen Irrenanstalt Waldau* behandelte und 1921 die erste grundlegende Monografie über ihn mit dem denkwürdigen Titel *Ein Geisteskranker als Künstler* veröffentlichte. Wölfli gab Auskunft über seine künstlerische Arbeit und fügte nach der Aufzeichnung Morgenthalers noch hinzu: „Meint Ihr eigentlich, ich könne so etwas einfach aus dem eigenen Kopf erfinden?"

Auf der Homepage der Adolf-Wölfli-Stiftung, Kunstmuseum Bern, wird der Wendepunkt Wölflis zum Künstler auf seine Einweisung in die Psychiatrie festgelegt. „Erst mit 35 Jahren hat er in der psychiatrischen Heilanstalt Waldau bei Bern mit Zeichnen begonnen, dort wurde Wölfli zum Schriftsteller, Komponist und Künstler. Seine Mission war es, das Leben und die Welt neu zu erfinden."[95] Inwiefern trifft das zu? Woher

94 Adolf Wölfli, zit. nach Walter Morgenthaler: Ein Geisteskranker als Künstler, Bern 1921, S. 15, folgendes Zitat, ebd.

95 Offizielle Homepage der Adolf-Wölfli-Stiftung, Kunstmuseum Bern, https://www.adolfwoelfli.ch/biografie#c237 (12.01.2021).

kommt Wölflis offenbar unerwartete, außerordentliche Kreativität?

„Mit acht Jahren wurde er nach seiner Heimatgemeinde gebracht, und hier ging für ihn das harte Leben eines Verdingknaben an."[96] Fern der familiären Obhut bestand Wölflis Dasein in Fronarbeit, Misshandlungen, Trinkgelagen, „Mangel an Liebe". Als junger Erwachsener wurde er wegen Notzuchtshandlungen an einem minderjährigen Mädchen zu einer Gefängnisstrafe verurteilt und bei einem Wiederholungsfall in die Psychiatrie überführt. In der „Irrenanstalt Waldau" war er in den ersten Jahren oft gewalttätig gegen Personen und Mobiliar, verweigerte die Arbeit und halluzinierte. 1899 begann er intensiv im „Isolierzimmer" zu zeichnen, zu dichten und zu komponieren. „Im Neubau ist eher Hoffnung vorhanden"[97], meinte Wölfli später in anderem Zusammenhang. Den sogenannten Neubau der Anstalt hat Wölfli dreifach gerahmt und verziert ins Bild gesetzt. Auffallend dabei ist seine Vorliebe für „Vögelchen"[98]. (Sie sehen auf Anhieb zwar eher wie Fischchen aus, bei manchen sind aber vorne die Füße zu erkennen.) Er verwendete sie als dekorative Füllsel, aber auch über der präzisen Darstellung des Hauses im dunkelblauen Himmel sowohl als ein dunkles als auch ein helles gespenstisches Symbol. Das „Vögeli-Motiv" wurde ausdeutend mit Wölflis „jammervollem

96 Walter Morgenthaler: a.a.O., S. 54, folgendes Zitat, S. 11.

97 Adolf Wölfli, zit. nach Adolf-Wölfli-Stiftung (Hrsg.): Adolf Wölfli, Von der Wiege bis zum Graab. Frankfurt a. M. 1985, Bd. 2, S. 194.

98 Walter Morgenthaler: a.a.O., S. 48.

Leben“[99] in Verbindung gebracht oder pansexualsymbolisch verstanden.

Wölfli schrieb an einer „fantastischen Biografie“[100] mit dem Titel *Von der Wiege bis zum Graab. Oder: Durch arbeiten und schwitzen, leiden, und Drangsal, bettend zum Fluch*[101], insgesamt über 25.000 handgeschriebene Seiten mit Illustrationen. Er entnahm viele Anregungen ausrangierten Jahrgängen der Illustrierten *Über Land und Meer*[102]. Morgenthaler bemerkte zu den Arbeitsbedingungen des Künstlers: „Wölfli erhält jeden Montagmorgen einen neuen Bleistift und zwei große Bogen unbedrucktes Zeitungspapier.“ Der Bleistift war nach zwei Tagen aufgebraucht. Auch das Papier war stets knapp. Sein Stil sei, notierte Morgenthaler, „völlig mit der Persönlichkeit verwachsen“, so dass „jedes seiner Bilder wieder anders, je nach der psychischen Konstellation“ erscheine. Wölfli sei ein „fester Halt nach dem andern geraubt“ worden, er habe sich stets wieder in „einer neuen Lage zurechtfinden“ müssen, doch „wie das Chaos in Formung übergegangen ist, wissen wir nicht“, so Morgenthaler, der Wölflis Arbeiten zwischen Mühsal und Enthusiasmus lokalisierte.

Ans Ende seiner gedichteten Lebens-, Welt- und Zeitreise, die sich ins Mythische ausweitete, eines „kompliszierten Werk[es]“,

99 Gerd Presler: L'Art brut. Kunst zwischen Genialität und Wahnsinn, Köln 1981, S. 48 f.

100 Walter Morgenthaler: a.a.O., S. 10.

101 Adolf-Wölfli-Stiftung (Hrsg.): a.a.O., 2 Bände.

102 Walter Morgenthaler: a.a.O., S. 10, folgende Zitate, S. 13, S. 52, S. 72 f.

an dem er 22 Jahre arbeitete – ein zimmerhoher Stapel mit 45 großformatigen, selbstgebundenen „Heften“ –, setzte Wölfli folgende Erklärung mit direkter Anrede: „Hochwährte Läser und Läserinnen. Wegen schmertzhafter Krankheit und gräßlich biterem Leiden, findet sich mein Ändsuntterzeichnete Wenigkeit genöhtigt, das große, lehrreiche, untterhaltende und, schöne, in keiner Ahrt und Weise zu untterschätzende Buch, in seinem unvollendeten Innhalt diräkt, abzuschließen, was den umstand nicht verhählt, Letzterem noch eine Anzahl sinnreiche, schöne ahnschauliche Bilder, beizufügen [...].“[103]

Lässt sich Wölflis Krankheit als „Schutzschild“ interpretieren? „Sie ließ ihn nicht untergehen in den Gemeinheiten der Welt.“[104] Durch die Pionierpublikation Morgenthalers, die teilweise in beinahe teilnehmender Perspektive wahrgenommen werden kann, fanden Wölflis künstlerische Arbeiten vermehrte öffentliche Beachtung. „Aus dem armen, einsamen Irren wurde ein reicher und arrivierter Künstler.“[105] In den 1920er Jahren entstanden über 750 Einblatt-Zeichnungen, die vielfach verkauft wurden.

103 Adolf Wölfli, zit. nach Elka Spoerri: Adolf Wölfli – Schreiber, Dichter, Zeichner, Componist, in: Adolf-Wölfli-Stiftung (Hrsg.): a.a.O., S. 21; vgl. auch Elka Spoerri: Der Engel des Herrn im Küchenschurz. Über Adolf Wölfli, Frankfurt a. M. 1987, S. 212.

104 Gerd Presler: a.a.O., S. 48.

105 Bettina Hunger: Das bewegte Leben der Familie Wölfli, in: Dies. u. a.: Porträt eines produktiven Unfalls – Adolf Wölfli, Frankfurt a. M. 1993, S. 151.

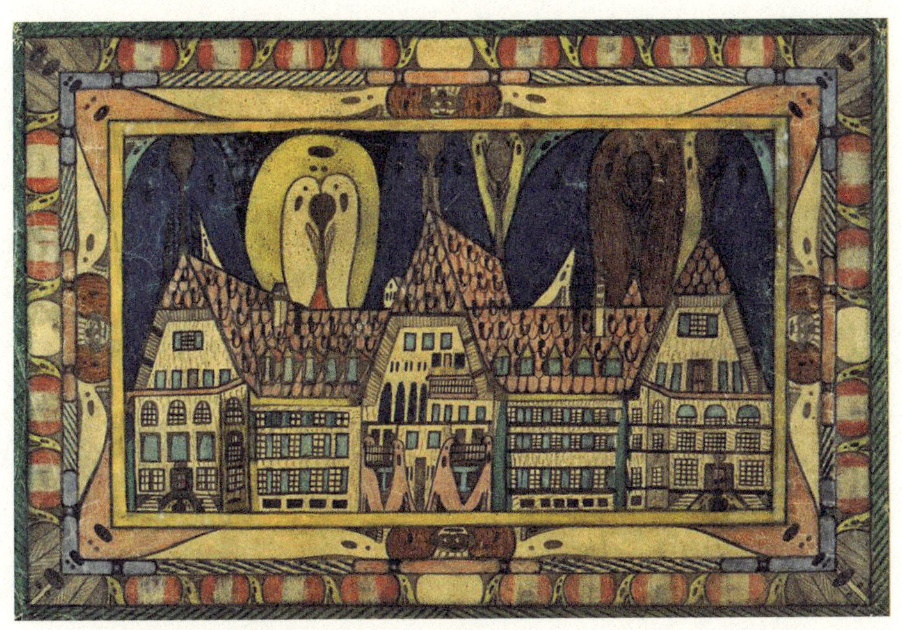

Abb. 8 – Adolf Wölfli,
Die psychiatrische Klinik Waldau, Neubau, 1921,
Blei- und Farbstift auf Papier, Ausschnitt,
Kunstmuseum Bern,
Adolf Wölfli-Stiftung Bern.

Séraphine Louis

(1864–1942)

„Das sind die bösen Frauen, die alle Tage kommen, mich zu beschimpfen. Sie sagen, dass es nicht schicklich sei, sondern eine Dreistigkeit, zu malen, wenn man eine ungebildete Dienerin ist."[106]

Diese Erklärung von Séraphine Louis schrieb ihr der Kunstsammler Wilhelm Uhde zu, als er sie 1927 wieder traf und sie bei seinem Besuch nach einem Türklopfen anderen Leuten nicht öffnet. Deutete er damit (nachträglich 1947, in seinen Erinnerungen) einen Wendepunkt sowohl der sozialen Stellung als auch der Anzeichen von Wahnvorstellungen an? Es trifft zu: Ende der 1920er erlangten Louis' Bilder in der Pariser Avantgarde Anerkennung, sie stiegen im Preis, sie hatte genug Geld, und Anfang der 1930er wurde sie aufgrund ihres ungewöhnlichen Auftretens in eine psychiatrische Einrichtung eingewiesen, womit ihre künstlerische Arbeit endete.

Uhde, Wegbereiter für Picasso, Braques und Rousseau, hatte Séraphine Louis 1912 kennengelernt, aber nicht weiter beachtet. Er hatte sie auf Empfehlung als Aufwartefrau seiner neu gemieteten Wohnung in Senlis, etwa 40 Kilometer nördlich von Paris, angestellt. Eines Tages bemerkte er „bei kleinen

106 Séraphine Louis, zit. nach Wilhelm Uhde: Fünf primitive Meister, Zürich 1947, S. 125.

Leuten in Senlis ein Stillleben“[107], das Äpfel darstellte, über die sich Cézanne gefreut hätte. Er erkundigte sich und war überrascht, zu erfahren, von wem das ihn beeindruckende Bild stammte. Er erwarb es und auch weitere, die Louis ihm vorbeibrachte. 1914 verlor er seine Sammlung durch den Ersten Weltkrieg. Obwohl er nicht mehr am Ort wohnte, wurde er nach dem Krieg 1927 im Rathaus Senlis auf „eine Ausstellung heimatlicher Kunst“ aufmerksam und entdeckte Séraphine Louis von Neuem. Dass er ihre Bilder wieder kaufte, wurde von den Organisatoren mit „Mitleid und Ironie“ quittiert. (Uhde musste als Deutscher im Ersten Weltkrieg Frankreich verlassen, während des Zweiten, wieder in Paris, floh er vor den Nationalsozialisten in den Süden Frankreichs und tauchte unter.)

Nach Uhde hat Louis „mit dem Bescheidensten, mit ein paar Blumen, Blättern, Bäumen, fließendem Wasser ein grandioses Werk mit selbst erkämpften kühnen Mitteln geschaffen“. Im Kontext der ökonomischen Krise um 1930 kam es zum Wendepunkt, Uhde konnte Louis nicht mehr wie gewohnt unterstützen. Sie „verstand nicht, was um sie vor sich ging“, machte Schulden, zog „von Haus zu Haus und prophezeite den Untergang der Welt“. Schließlich, als sie einen Teil ihrer Wohnungseinrichtung und ein Bild auf die Straße stellte, wurde sie in die psychiatrische Einrichtung in Clairmont-de-l’Oise eingewiesen.[108]

107 Wilhelm Uhde: a.a.O., S. 120 f., folgende Zitate, S. 123, S. 125, S. 129, S. 135.

108 Hans Körner; Manja Wilkens: Séraphine Louis 1864–1942. Biographie; Werkverzeichnis, Berlin 2020, 3. Aufl., S. 13.

Uhdes Wegbereitung von Louis' Kunst wird von der neueren Forschung nicht bezweifelt, aber einige seiner Aussagen wurden korrigiert und relativiert. Manja Wilkens konstatiert zwei Wendepunkte in Louis' Leben: den Beginn ihrer künstlerischen Karriere durch den Einzug in ihre erste eigene Wohnung und dessen Ende durch den Einbruch des Kunstmarkts anlässlich der Wirtschaftskrise und das Ausbleiben der finanziellen Unterstützung.[109]

Vermutlich hütete Séraphine Louis als Kind Tiere auf nahegelegenen Bauernhöfen, trat dann als 13-Jährige eine Dienstmädchenstelle in Paris an und fand schließlich im Kloster Clermont ein Unterkommen.[110] Mit fast vierzig Jahren trat sie aus dem Kloster aus, arbeitete als Haushaltshilfe und mietete eine eigene Wohnung. Ihre ersten Bilder waren kleinformatig, die sie im Lebensmittelgeschäft gegen Rotwein tauschte. Ihre ungewöhnliche Malfarbe war eine Lackfarbe, die sie in der Drogerie kaufte. Die heute gebräuchlichen Bildtitel – *Paradiesbaum*, *Traum einer Pflanze* oder *Baum des Lebens* – stammen nicht von ihr. Ihre Bildmotive wie Früchte oder Blumenstillleben wurden möglicherweise angeregt durch die Darstellungen in botanischen Nachschlagewerken, die Louis im Bestand der bürgerlichen Haushalte, in denen sie putzte, vorfand. Séraphine Louis soll erklärt haben: „Meine Inspira-

109 Manja Wilkens: Séraphine Louis – Werk und Werkprozess, in: Kaspar König; Falk Wolf: Der Schatten der Avantgarde, Ostfildern 1915, S. 247.

110 Hans Körner; Manja Wilkens: Séraphine Louis 1864–1942. Biographie; Werkverzeichnis, Berlin 2020, 3. Aufl., S. 27, S. 39, S. 41, S. 55, S. 87, S. 103, S. 105.

tion kommt von oben.“ Uhde berichtete, dass ihm Louis im Traum erschienen sei und gesagt haben soll, da es im Himmel keine Blumen gebe, male sie jetzt abstrakt. Louis’ Spätwerk – das größere Format regte Uhde an – wirkt fürs Erste beim Betrachten gegenstandsbezogen; Trauben, Blumen, Blätter, Kirschen sind zu erkennen, doch diese scheinen sich in ihrer Fülle in Farbflecken und Fantasieformen zu verwandeln. Sie erlangen den Ausdruck einer Art „visionärer Sachlichkeit“[111]. Wilkens schreibt: „Ihre [Séraphine Louis’] Malerei war weniger Indiz einer geistigen Erkrankung als Mittel, ihre Wahnvorstellungen produktiv umzusetzen und so zu ertragen.“[112]

„Wer ist Camille Bombois?“ (1883–1970), fragte Uhde. „Man beantwortete früher diese Frage, indem man sagte: ‚ein Straßenarbeiter, der malt‘. Heute sagt man: ‚ein Maler, der einmal Straßenarbeiter war‘.“[113] Das gilt auch für Séraphine Louis. Sie ist keine „malende Putzfrau“[114], sondern eine Malerin, die früher anderer Leute Wohnungen reinigte.

111 Magritte, Dietrich, Rousseau. Visionäre Sachlichkeit, Zürich 2018.

112 Manja Wilkens: Séraphine Louis – Werk und Werkprozess, in: a.a.O., S. 252.

113 Wilhelm Uhde: a.a.O., S. 105.

114 Vgl. Hans Körner; Manja Wilkens: a.a.O., S. 37, S. 42, S. 63.

Louis Soutter
(1871–1942)

„Die letzten 19 Jahre seines Lebens war Louis Soutter weggesperrt. In der Unfreiheit explodierte seine Kunst."[115]

Dies ist der Titel eines Zeitungsartikels über Louis Soutter, der Bezug nimmt auf einen Roman über dessen Leben. Soutters Lebenswerk gibt mehr als üblich Anlass für eine literarische Darstellung.

Der junge intelligente Soutter begann mit einem Ingenieurstudium in Lausanne, wechselte dann zur Architektur in Genf, die er schnell aufgab, um sich am Konservatorium in Brüssel für Geigenunterricht einzuschreiben. Hier lernte er seine spätere Frau, die Geigerin Madge Fursman, kennen. Das Geigenstudium brach er ab und kehrte nach Lausanne zurück, um Zeichen- und Malkurse zu belegen. Wiederum nach kurzer Zeit siedelte er nach Colorado Springs in die USA über, wo er 1897 Madge Fursman heiratete. Am Colorado College übernahm er die Leitung der Abteilung für schöne Künste. 1903, geschieden von seiner Frau, kehrte Soutter geschwächt in die Schweiz zurück. Nach ein paar Jahren spielte er Geige im

115 Roman Bucheli: Die letzten 19 Jahre seines Lebens war Louis Soutter weggesperrt. In der Unfreiheit explodierte seine Kunst. In: Neue Zürcher Zeitung, 20.07.2020. Vgl. https://www.nzz.ch/feuilleton/der-maler-louis-soutter-in-einem-roman-von-michel-layaz-ld.1567446?reduced=true (12.01.2021).

Orchester des Genfer Theaters, dann im Symphonieorchester in Lausanne, schließlich in Unterhaltungsorchestern im Kursaal. 1923 wurde er aufgrund seiner unsteten Lebensart durch seinen Vormund und seine Familie mit 52 Jahren in das Altersheim Ballaigues eingewiesen, „ein abgelegenes Dorf im waadtländischen Jura nahe der französischen Grenze“[116].

„Der soziale und psychische Zusammenbruch, den die Einweisung bezeugt“, schreibt Michel Thévoz, „macht sich noch stärker im zeichnerischen Schaffen bemerkbar: Soutter bricht vollständig mit dem konventionellen Stil seiner glücklicheren Jahre.“[117] Er zeichnete im Verborgenen, und als seine Sehkraft nachließ, erneuerte er mit 66 Jahren – ein weitreichender Wendepunkt im Lebenswerk – „sein bildnerisches Vokabular“ und trug dabei die „Tusche direkt mit dem Finger auf“ und erzeugte ein „dramatisches Spiel mit dem Kontrast von Schwarz und Weiß“. Thévoz fragt: „Ist der auf die Internierung in Ballaigues folgende stilistische Bruch als Ausdruck einer Geisteskrankheit zu erklären? Soutter hat keine Psychoanalyse nötig, weil er ihr im Reich der Imagination vorgreift.“

116 Hartwig Fischer: Zur Biografie Louis Soutters, in: Hartwig Fischer (Hrsg.): Louis Soutter 1871–1942; Louis Soutter et les Modernes, Katalog Kunstmuseum Basel 2003, S. 272.

117 Michel Thévoz: Soutter, Louis Adolphe (2016), in: SIKART Lexikon zur Kunst in der Schweiz, https://www.sikart.ch/KuenstlerInnen.aspx?id=4022841 (13.01.2021); vgl. Michel Thévoz: Louis Soutter, Lausanne 1970, S. 87 ff.

Soutters Cousin, der berühmte Architekt Le Corbusier, versuchte, dessen Werk auszustellen. Auch andere Schriftsteller und Künstler besuchten Soutter in Ballaigues oder er sie, da er oft unerlaubt tagelang zu Fuß unterwegs war. Soutters eigentliches künstlerisches Schaffen setze in der „Abgeschiedenheit der Anstalt“ ein, bemerkte Paul Nizon, es habe den „für die Schweizer Kunst bezeichnenden intimen (Kleinformat-)Charakter: Tagebuchcharakter“[118].

Erst nach seinem Tod, in den 1960er Jahren, wird Soutter zum anerkannten Künstler, zur „faszinierenden Entdeckung“[119]. Einige ordnen Soutters Werk am ehesten dem Symbolismus zu, andere – wie Jean Dubuffet – der Art brut, der Kunstform, dessen Begriff er erfand und die er als „weniger als andere der kulturellen Konditionierung unterworfen“[120] bestimmte. Zur Begründung, warum Soutter zum „Psychopathen“ erklärt worden sei, schrieb Dubuffet: „Die Doktoren der Kultur haben gern ein bisschen Erneuerung, ein bisschen Regelüberschreitung, aber nicht zu viel. Bei Soutter gibt es davon bereits zu viel.“

118 Paul Nizon: Louis Soutter: Die Freiheit in der Vogelfreiheit, oder: Der Künstler als Paria (1970), in: Hartmut Fischer (Hrsg.): a.a.O., S. 247.

119 Pierre Estoppey: Eine faszinierende Entdeckung (1990), in: Hartmut Fischer (Hrsg.): a.a.O., S. 41.

120 Jean Dubuffet: Louis Soutter (1970), in: Hartmut Fischer (Hrsg.): a.a.O., S. 147.

Doch nach Jean Starobinski zeugt Soutters Werk von „innerer Notwendigkeit“[121]. Die ihm zur Verfügung stehenden eigenwilligen Bildmittel relativierten zeitweise die gegen ihn sprechenden kulturellen Umstände und auch die Wendepunkte im Lebenswerk, an denen er aktiv oder zwangsweise beteiligt war.

121 Jean Starobinski: Zeugnisse einer Passion (1962), in: Hartmut Fischer (Hrsg.): a.a.O., S. 131.

Paul Klee
(1879–1940)

„Wenn nicht das Rätsel des Todes so vieldeutig wäre! Nicht weniger ist es das Rätsel Leben, wenn man sich frägt, wie von Schönheit Getragenes und Glänzendes mit den Qualen der letzten Zeit zu verbinden sein möchte."[122]

Dies hielt Paul Klee in einem Brief 1938 fest. Er bezog sich auf den Wendepunkt, der durch seine folgenschwere Krankheit eintrat. Den Umständen entsprechend blieb er weiter bei kontinuierlicher künstlerischer Arbeit. Die „letzte Zeit" ist aber wahrscheinlich sowohl persönlich zu deuten als auch durch die politische Verunglimpfung durch die Nationalsozialisten, die Klee zu einer fundamentalen Umgestaltung der Arbeits- und Lebenssituation zwang. Welche Beziehungen bestehen zwischen Leben und Werk?

Klee wuchs in Bern auf. Sein Vater, deutscher Nationalität, war Musiklehrer, seine Mutter, Schweizerin, war Sängerin. Klee spielte als Junge sehr gut Geige. Nach dem Schulabschluss studierte er in München, lernte den *Blauen Reiter* und ihre Initiatoren kennen. 1910 hatte er eine erste, kaum beachtete Einzelausstellung in Bern. Im Ersten Weltkrieg wurde er von Deutschland eingezogen, um Flugzeuge zu bemalen. 1920 be-

122 Paul Klee, zit. nach Hans Suter: Paul Klee und seine Krankheit, Bern 2006, S. 187.

rief ihn Walter Gropius (1883–1969) ans *Bauhaus* nach Weimar. Hier unterrichtete er bis 1931. Er verließ das *Bauhaus*, weil sich dessen Kunsterziehungsprogramm von einem individuellen zu einem kollektiven Stil wandelte. Er war dann Professor an der Kunstakademie Düsseldorf. Hier wurde er 1933 von den Nationalsozialisten „als Jude und als Lehrer für unmöglich und entbehrlich angesehen“[123] und entlassen. Klee schrieb an seine Frau: „Aber von mir aus etwas gegen so plumpe Anwürfe zu unternehmen, scheint mir unwürdig. Denn: wenn es auch wahr wäre, dass ich Jude bin und aus Galizien stammte, so würde dadurch an dem Wert meiner Person und meiner Leistung nicht ein Jota geändert. Diesen meinen persönlichen Standpunkt, der meint, dass ein Jude oder ein Ausländer an sich nicht minderwertiger ist als ein Deutscher und Inländer, darf ich von mir aus nicht verlassen, weil ich mir sonst ein komisches Denkmal für immer setze. Lieber nehme ich Ungemach auf mich, als dass ich die tragikomische Figur eines sich um die Gunst der Machthaber Bemühenden darstelle.“[124]

Ende 1933 zog er nach Bern zurück. Er erhielt eine Schweizer Aufenthaltsbewilligung vorerst für ein Jahr. Der Antrag auf das Schweizer Bürgerrecht wurde hinausgezögert. Seine Frau Lily schrieb an ihren Sohn Felix, der als Opernregisseur in München tätig war, dass sie vor einer „gänzlichen Umgestaltung“[125] ihres Lebens stehen würden. Es war ein Wendepunkt

123 Zit. nach Paul Klee: 1933, München 2002, S. 284.

124 Ebd.; vgl. Hans Suter: a.a.O., S. 21.

125 Zit. nach Paul Klee: a.a.O., S. 294.

in Klees Berufs- und Lehrtätigkeit, seiner Kunst und ihrem Markt, der Kontakte zu Kollegen.

Klees Krankheit begann 1935. Sie wurde nachträglich als „Sklerodermie“[126] (griech. „harte Haut“), eine unheilbare autoimmune Bindegewebskrankheit, diagnostiziert. Es war eine zusätzliche Zäsur in seinem Leben, betraf aber nicht seine künstlerische Produktivität. In dieser Zeit nach 1935 schuf er weit über tausend Werke pro Jahr. 1940, kurz vor seinem Tod, präsentierte das Kunsthaus Zürich Klees Werk. Die *Neue Zürcher Zeitung* suggerierte in einem Artikel in Bezug auf die Ausstellung – ein wenig subtiler als die Nationalsozialisten, in deren Femeausstellung *Entartete Kunst* Klees Bilder auch vertreten waren – eine Nähe zur Kunst aus psychiatrischen Einrichtungen.[127]

Klee habe stets die „prinzipiell unpolitische Selbstbestimmung seiner Kunst“[128] betont. Dies lässt sich veranschaulichen mit seinem 1937 entstandenen Bild *Revolution des Viaductes*. Eine Reihe von Brückenbögen haben sich selbstständig gemacht, sie halten sich nicht mehr an die genormten Vorgaben, um eine garantierte Verbindung zu gewährleisten. Sie gehen „ihren eigenen Weg“, „tragen individuelle Züge, sind nach Grö-

126 Vgl. Hans Suter: a.a.O., S. 39, S. 48 ff., S. 86–103, S. 106; vgl. Walther Fuchs: Paul Klee und seine Krankheit Revisited, Zwitscher-Maschine, Oktober 9, 2017, S. 59.

127 Vgl. Hans Suter: a.a.O., S. 30; vgl. Walther Fuchs: a.a.O., S. 64.

128 Otto Karl Werkmeister: Körperfigur und Kunstfigur in Klees Zeichnungen von 1933, in: Paul Klee: 1933, München 2002, S. 226.

ße, Breite und Farbe unterschieden“[129]. Karin Schick schreibt dazu, dass die Ereignisse von 1933 und 1935 bei Klee „eine künstlerische Krise ausgelöst“ hätten, „erst 1937 stabilisierte sich seine Verfassung“ in einem „äußerst reduzierten, zeichnerischen und zeichenhaften Stil“[130]. Klees Werk lässt sich kaum auf die persönliche und politische Situation zurückführen, denn *wie* er diese in seinen Bildern umsetzt, löst sich von autobiografischen Umständen.

Klee war an einer Stelle in seinen Tagebüchern der Ansicht, dass man in der Kunst „viel zu viel Biografie“ treibe, an einer anderen notierte er, dass die Lebenshaltung eines Künstlers Aufschluss geben könne über den „Charakter seines Schaffens“[131]. In den Interpretationen finden sich meistens diametrale Ansätze, zum einen wird die Identifikation von Leben und Werk bevorzugt und ausgeführt, zum anderen kritisiert und abgelehnt. Walther Fuchs schreibt: „Der Mangel an schriftlichen Selbstzeugnissen von Klee zu seiner Krankheit sollte nicht dazu verleiten, sein künstlerisches Werk als Quelle für seine Krankengeschichte heranzuziehen.“[132] Genau dies hat Hans Suter in seiner detaillierten Darstellung von „Paul Klee

129 Karin Orchard, in: Paul Klee: 50 Werke aus 50 Jahren, Hamburg 1990, S. 116; vgl. Hans Suter: a.a.O., S. 166.

130 Karin Schick: https://online-sammlung.hamburger-kunsthalle.de/de/objekt/HK-2899/revolution-des-viaductes?term=klee&context=default&position=0 (12.05.2021).

131 Paul Klee: Tagebücher, Felix Klee (Hrsg.), Köln 1957 (1909, 861; 1915, 985); vgl. Norbert Lynton: Paul Klee, London 1964, S. 7.

132 Walther Fuchs: a.a.O., S. 48, https://www.zwitscher-maschine.org/archive/2017/10/9/paul-klee-und-seine-krankheit-revisited (11.05.2021).

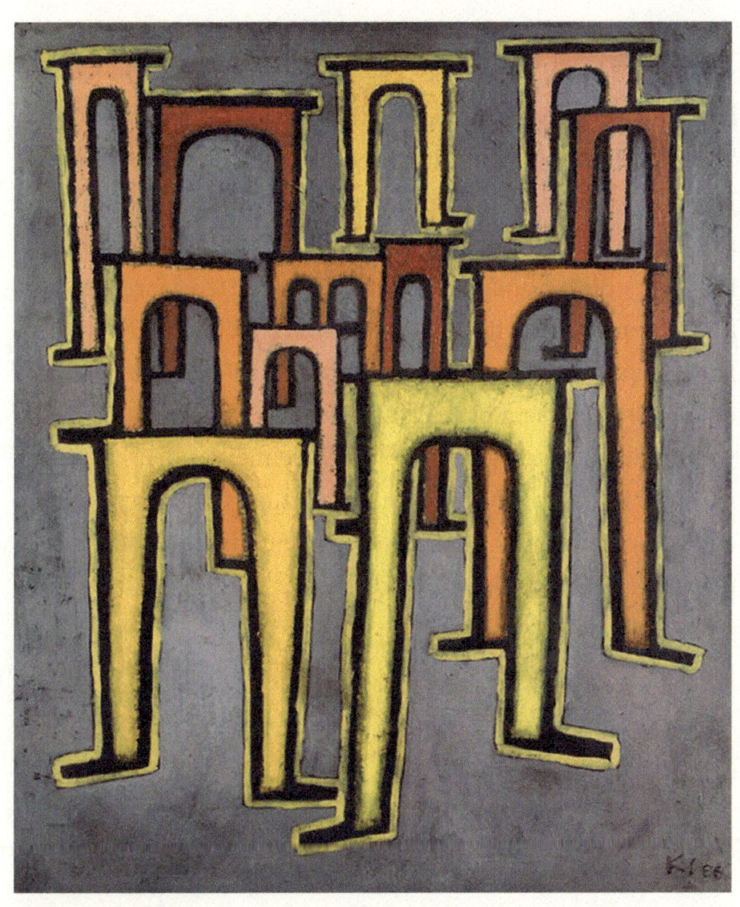

Abb. 9 – Paul Klee,
Revolution des Viaductes, 1937,
Ölfarbe auf Grundierung auf Baumwolle, 60 × 50 cm;
Kunsthalle Hamburg.

und seine Krankheit“ und vielen einzelnen Interpretationen vor allem seines Spätwerks getan, nämlich „dass die Krankheit zweifellos einen prägenden Einfluss auf die künstlerische Tätigkeit Klees gehabt hat“. Klee habe sich „während seiner Krankheit ganz seiner Kunst“ gewidmet und „sich bewusst in seine eigene Welt“ zurückgezogen.[133] Gunter Wolf konstatierte: „Klees Bilder und Zeichnungen der letzten Jahre sind ein bestürzender Ausdruck eines an einer unheilbaren Krankheit leidenden Individuums.“[134] Im Todesjahr 1940 schrieb Klee in einem Brief an seinen Freund: „Natürlich komme ich nicht von ungefähr ins tragische Geleis, viele meiner Blätter weisen darauf hin und sagen: es ist an der Zeit.“[135] Das Leben besteht aus zahlreichen mehr oder weniger einschneidenden Übergängen. Der Tod ist kein Wendepunkt.

133 Hans Suter: a.a.O., S. 95, S. 97.

134 Gunter Wolf: Paul Klee und Sklerodermie, 10/1, 2001, S. 5, https://karger.com/fhk/article-pdf/10/1/26/2786988/000057806.pdf (25.08.2023).

135 Paul Klee, zit. nach Hans Suter: a.a.O., S. 156.

Friedrich Schröder-Sonnenstern
(1892–1982)

„Ich werde von neuem in eine Irrenanstalt eingeliefert. Dort mache ich die Bekanntschaft eines ‚Irren-Malers', dem ich bei der Arbeit zuschaue. Auf seinen Rat beschaffe ich mir Material und beginne zu zeichnen."[136]

Dies notierte der Maler, Dichter und Komponist Friedrich Schröder-Sonnenstern in seinem zweiten Lebenslauf 1959. Es war ein entscheidendes Jahr. Sechs Bilder von ihm wurden in der *Exposition InteRnatiOnale du Surréalisme* in Paris gezeigt, und in dem von André Breton und Marcel Duchamp herausgegebenen Ausstellungskatalog erschien sein Lebenslauf. Schröder-Sonnensterns Kunst ist von den Surrealisten „völlig unbeeinflusst", doch durch sie bekam sie internationale Anerkennung, nicht aber von der Berliner Kunstszene. Da, wo er lebte, galt er allein als „eines der letzten Berliner Originale" ohne künstlerische Ambition.

Er sah sich selbst als „fanatischen Outsider", „ironisches schwarzes Schaf" und „krankhaften Denker"[137]. Als Jugendlicher kam er „wegen Diebstahls, Landstreicherei und Tätlich-

136 Friedrich Schröder-Sonnenstern, zit. nach Klaus Ferentschik; Peter Gorsen: Friedrich Schröder-Sonnenstern und sein Kosmos, Berlin 2013, S. 53, S. 85 f., S. 197, S. 78.

137 Friedrich Schröder-Sonnenstern, zit. nach ebd., S. 14; vgl. S. 19, S. 22 f., S. 28.

keiten ins Erziehungsheim“ und dann wegen „Größenideen“ und „Unzurechnungsfähigkeit“ zum ersten Mal in eine psychiatrische Einrichtung. Nach seiner Entlassung ging er nach Berlin und tauschte mit einer Zufallsbekanntschaft Ausweis und Namen. Von 1919 an hieß er nicht mehr Friedrich Schröder, sondern Gustav Gnass. 1930 wurde er wegen Betrugs und Erpressung in Garmisch-Partenkirchen verhaftet. Er hatte sich als Geheimrat Professor Dr. phil. Eliot Gnass von Sonnenstern ausgegeben. Als „Wanderprediger in den Fußstapfen der göttlichen Liebe“[138] seines selbst gegründeten „spiritistischen Zirkels“ zog er mit der Wahrsagerin und Handleserin Martha Müller über die Wochenmärkte. Seine Lebenspartnerin nannte er „Tante Martha“, weil sie nicht verheiratet waren, aber zusammen in einer kleinen Wohnung lebten. In Berlin war er bekannt als Kinderfreund und „Schrippenfürst von Schöneberg“, der an arme Kinder Brötchen verteilte.[139]

1933 wurde Schröder-Sonnenstern zur psychiatrischen Begutachtung in die „Landesheil- und Pflegeanstalt“ Neustadt in Holstein überwiesen. Hier lernte er den „Irren-Maler“ kennen, der ihm Mut zum Malen machte. Es war vermutlich Hans Christian Ralfs (1883–1945). Ralfs hatte den „Status eines Freigängers“ und ein Atelier in der Anstalt, aber da diese in ein Lazarett für Kriegsopfer umgewandelt wurde, kam er 1935 ins Krankenhaus Meseritz-Obrawalde. Er überlebte die-

138 Peter Gorsen: in: Klaus Ferentschik; Peter Gorsen: a.a.O., S. 258.

139 Vgl. Klaus Ferentschik: in: Klaus Ferentschik; Peter Gorsen: a.a.O., S. 31, S. 34, S. 53 f., S. 64, S. 161.

se „Vernichtungsanstalt für Euthanasie“ nur wenige Monate. Die von Friedrich Schröder-Sonnenstern in Neustadt entstandenen achtzehn Zeichnungen, vorwiegend mit Sternen-Motiv, bezeichnete er später (1967) als „erstklassig“. Einige tragen die Insignien K.G.S.I., für „König Gnass von Sonnenstern“[140].

Das Gutachten der Neustadter Anstalt stellte fest, dass es „keinen Anhalt [...] für das Vorliegen einer Geisteskrankheit“ gebe. Er galt also als zurechnungsfähig und wurde vom Gericht wegen „betrügerischer Ausübung der Medizin“ angeklagt und zu drei Jahren Haft verurteilt. Nach Verbüßung der Strafe ging er nach Berlin, kam aber 1937 wegen „Verunglimpfung der nationalsozialistischen Bewegung“ ins Strafgefangenenlager Himmelmoor. Aufgrund einer von ihm selbst herbeigeführten Krankheit brachte man ihn ins Krankenhaus nach Hamburg, wo er entfliehen konnte. In einem Berliner Vorort fand er Unterschlupf bei Verwandten von Martha Möller. Nach dem Krieg forderte ihn „Tante Martha“ in Erinnerung an den „Irren-Maler“ wieder zum Malen auf. „Schwatz nicht so viel, setz' dich auf deinen Hintern und male!“, soll sie gesagt haben.[141]

„Beispiellos wie sein Leben ist seine Kunst.“[142] Mit über 55 Jahren, nachdem er mehr als 15 Jahre nicht gemalt oder ge-

140 Peter Gorsen: in: Klaus Ferentschik; Peter Gorsen: a.a.O., S. 258, S. 54, S. 57 f., S. 64.

141 Vgl. Alfred Bader: Geisteskranker oder Künstler? Der Fall Friedrich Schröder-Sonnenstern, Bern 1972, S. 26.

142 Gerd Presler: L'Art brut. Kunst zwischen Genialität und Wahnsinn, Köln 1981, S. 144.

zeichnet hatte, schuf Friedrich Schröder-Sonnenberg in den 1950er Jahren sein aufsehenerregendes künstlerisches Werk. „Ganz wider Willen zwingt mich eine unheimliche Kraft zum Dichten und Malen", schrieb Schröder-Sonnenstern.[143] Er gilt als einer der wichtigsten Vertreter der Art brut. Mit seinen „hybriden Mischwesen"[144] aus Mensch und Tier, seinen sehr präzise mit Farbstiften ausgeführten, fantastischen, rätselhaften, halluzinatorischen Gestalten betrat er „künstlerisches Neuland"[145]. Das Einzigartige und Befremdliche seines Stils führte zur anfänglichen Ablehnung der Bilder „als krankhaft und obszön", obwohl dies nicht direkt aus den Motiven folgt. „Friedrichs Bildwerke sind magische Beschwörungsformeln, die ihm erlauben, *seine Identität zu bewahren,* indem sie die (pathologische) Ambivalenz der gegensätzlichen Strebungen daran hindern, in eine definitive Spaltung auszuarten"[146], schreibt der Schweizer Psychiater Alfred Bader, der 1963 einen Dokumentarfilm über Schröder-Sonnenstern drehte. „Die gewollte Verkehrung in ihr Gegenteil gehörte zu seinem Wesen", bemerkte der Schriftsteller Klaus Ferentschik.[147]

Durch Skandal und Erfolg begann er seine eigenen Bilder zu variieren, doch „gehört die Arbeitsweise des Kopierens zu

143 Friedrich Schröder-Sonnenberg, zit. nach Alfred Bader: a.a.O., S. 37; vgl. Hartmut Kraft: a.a.O., S. 217.

144 Peter Gorsen: in: Klaus Ferentschik; Peter Gorsen: a.a.O., S. 185.

145 Hartmut Kraft: Grenzgänger zwischen Kunst und Psychiatrie, Köln 1998, S. 217.

146 Alfred Bader: a.a.O., S. 72, S. 100.

147 Klaus Ferentschik: in: Klaus Ferentschik; Peter Gorsen: a.a.O., S. 100.

seiner Kunst“[148]. Das verstimmte allerdings die Sammler und Galeristen. Hinzu kam sein unzuverlässiges „Geschäftsgebaren“. Da er nicht alle Bildaufträge erfüllen konnte, stellte er Gehilfinnen und Gehilfen ein, die unter seiner Aufsicht als „Chef seiner Kopierfabrik“ den Hintergrund ausmalten. Als 1964 „Tante Martha“ starb, verlor er seinen Halt und seinen „Schaffensmut“. Im Rausch unterzeichnete er „Blankopappen“, und ab 1968 „begannen die Kopisten ohne sein Wissen zu arbeiten“[149].

Während bei Friedrich Schröder-Sonnenbergs Leben und literarischen Äußerungen der Eindruck entsteht, es gehe „in einem ständigen Hinundherpendeln zwischen Sinnstiftung und Sinnverlust“[150] um inszenierte, innere oder von außen bedingte Wendepunkte, steht seine Kunst zwar nicht neben seiner Lebensgeschichte oder außerhalb jeglicher Entwicklung, zeigt jedoch von Anfang an eine bemerkenswerte Einheitlichkeit und Formstärke. Seine persönlichen Wendepunkte durch fantasievolle Namensänderungen oder Berufsbezeichnungen („dreifacher Weltmeister aller Künste“[151]) stehen klar drei Phasen seiner Kunst – Anfang 1933, Höhepunkt 1950er Jahre, Stillstand 1968 – gegenüber.

148 Alfred Bader: a.a.O., S. 54; vgl. Klaus Ferentschik: in: Klaus Ferentschik; Peter Gorsen: a.a.O., S. 83.

149 Vgl. Klaus Ferentschik: in: Klaus Ferentschik; Peter Gorsen: a.a.O., S. 93 f., S. 102, S. 166, S. 115, S. 125, S. 132.

150 Alfred Bader: a.a.O., S. 120.

151 Vgl. Klaus Ferentschik: in: Klaus Ferentschik; Peter Gorsen: a.a.O., S. 87.

Chaim Soutine
(1893–1943)

„Die Soutine-Ausstellung ist wahnsinnig interessant. Besonders die Hühner. Es stimmt überhaupt nicht, dass das eine traurige Kunst sein soll. Es ist eine Kunst voller Hochgefühl, Übersteigerung bis zur Halluzination – und nicht trauriger als die Monster von Picasso. Im Gegenteil schwärmerisch, jubilierend. Wie die Sonne […]."[152]

Dies berichtete Jean Dubuffet, Protagonist der Art brut, zu einer Ausstellung von Chaim Soutine zwei Jahre nach dessen Tod und gut zwanzig Jahre nach dessen großem Wendepunkt. 1923 erschien der erste Artikel über Soutine in einer Kunstzeitschrift, und er stellte in einer Pariser Galerie aus. Der amerikanische Sammler, Arzt, Pharmazeut und Erfinder eines Desinfektionsmittels Albert C. Barnes (1872–1951) kaufte dabei gleich mehrere Werke Soutines. Es ist eine legendenumwobene Entdeckung.[153] Soutines Name wurde bekannt, und er genoss nun finanzielle Sicherheit. „Über Nacht wurde der arme Teufel zum Star."[154]

152 Nina Zimmer: „Ich bin immer ein glücklicher Mensch gewesen", in: Andrée Collié: Erinnerungen an Chaim Soutine 1944, Basel 2008, S. 47; vgl. Soutine und die Moderne, Kunstmuseum Basel, Basel 2008, S. 11.

153 Maurice Tuchman: Chaim Soutine (1893–1943), in: Ernst-Gerhard Güse (Hrsg.): Chaim Soutine (1893–1943), Westfälisches Landesmuseum für Kunst und Kulturgeschichte Münster, Stuttgart 1981, S. 67.

154 Jeanine Warnod: Soutine und die Künstler in La Ruche, in: Ernst-Gerhard Güse (Hrsg.): a.a.O., S. 27, S. 23.

Doch die einfache Charakterisierung der Person Soutines täuscht: davor „farbverschmutzte Kleidung“ und „befremdliches Benehmen“, danach „seidene Hemden“, „elegante Anzüge“ und „auf Spazierfahrten mit einem Auto, das von einem Chauffeur gelenkt wurde“. Er sei „immer“, sagte Soutine[155], glücklich gewesen. Auch wenn er aufgrund der Kritik oder des Selbstzweifels viele Werke zerstörte. Er galt weiter als „peintre maudit“, als „skurriler Einzelgänger“. Aber man betonte auch, dass seine „Rohheit“ ihm „ein hohes Maß an künstlerischer Freiheit“ verschaffte.[156]

Chaim Soutine war der Sohn eines armen jüdischen Schneiders und wurde in einem kleinen Dorf in der Nähe von Minsk als zehntes von elf Kindern geboren. Schon als Jugendlicher zeichnete er und wurde dafür von seinen älteren Brüdern verprügelt infolge des Dogmas *Ein Jude darf nicht malen* (obwohl nach biblischen Texten nur die Herstellung von Götzenbildern verboten ist).[157] Später, in den 1920er Jahren, hat man

155 Andrée Collié: Erinnerungen an Chaim Soutine 1944, Basel 2008, S. 8 f.; vgl. Jeanine Warnod: a.a.O., S. 25.

156 Esti Dunow: Die Stilleben Soutines, in: Ernst-Gerhard Güse (Hrsg.): a.a.O., S. 76.

157 Maurice Tuchman: Chaim Soutine (1893–1943), Leben und Werk, in: Maurice Tuchman; Esti Dunow; Klaus Perls (Hrsg.): Chaim Soutine (1893–1943) Werkverzeichnis, Köln 2001, S. 41, S. 55; vgl. Chana Orloff, in: Soutine und die Moderne, Kunstmuseum Basel, Basel 2008, S. 254; vgl. Sophie Krebs: Soutine – ein Spezialfall der Moderne, in: Soutine und die Moderne: a.a.O., S. 45; vgl. Nina Zimmer: Die Wiederholung als „Technik der Originalität“ bei Soutine und Picasso, in: Soutine und die Moderne: a.a.O., S. 147; vgl. Soutine und die Moderne: a.a.O., S. 205.

versucht, Soutine einen „jüdischen Maler“ zu nennen, obwohl keine entsprechenden Bildmotive bekannt sind. Man geht davon aus, dass die gesamte jüdische Bevölkerung des Dorfes, in dem Soutine geboren wurde, 1941 bei einem Pogrom umgebracht wurde, also auch seine Familie. Mit 20 Jahren ging er 1913 nach Paris, dort wohnte er im Künstlerhaus La Ruche zusammen mit Marc Chagall oder Amedeo Modigliani (ein Freund, der von Soutines Kunst überzeugt war). Er besuchte Kurse an der École des Beaux-Arts und arbeitete nebenher als Gepäckträger am Bahnhof, kurzzeitig als Arbeiter bei Renault. Armut bestimmte Soutines Leben in der Kindheit und Jugend in Russland und auch in Frankreich von 1913 bis 1923. „Als Erwachsener litt Soutine zeitlebens unter Magengeschwüren, ein Umstand, der sein Leben auf vielen Ebenen bestimmte und schließlich seinen frühen Tod verursachte“, schreibt die Kunsthistorikerin Esti Dunow.[158]

Der Kurator Maurice Tuchman sagt, dass Soutine einen „einzigartigen Ansatz der Porträtmalerei“ gehabt habe, der darin bestand, dass er die Figuren aus einer „beunruhigend kurzen Distanz und immer direkt von vorn“ mit einem gestisch wirkenden Pinselstrich gemalt habe. Eines seiner wenigen Selbstporträts trägt den Titel *Grotesk – Selbstbildnis* (1922), weil er seine Gesichtszüge und seinen Körper verzerrt und verdreht hat, um, wie man behauptete, „sich in einer Art Selbsthass abstoßend darzustellen“[159]. Andere Bildtitel von Porträts lauten

158 Esti Dunow: a.a.O., S. 74.

159 Sophie Krebs: Soutine – ein Spezialfall der Moderne, in: Soutine und die

Die Verrückte (1919), *Der Dorftrottel* (1919), aber auch *Der Bauernjunge* (1919), *Der Metzgergeselle* (1919). Soutine hat zu dieser Zeit in Céret, einem Dorf in den Pyrenäen gelebt. Auch in Paris malte Soutine einfache Leute, Pagen, Kellner, Chorknaben, Köchinnen, Dienstmädchen, Frauen in Rot. Doch die Titel seiner Bilder, heißt es, stammten nicht von Soutine selbst, sondern seien nachträglich festgelegt worden. Soutines Stil lässt sich nicht einordnen, es geht weder nur um Expressionismus noch um sogenannten Primitivismus, zudem unterscheiden sich Früh- und Spätwerk. Es werde deutlich, dass Soutines „Hand ein Tänzer ist“[160].

Moderne: a.a.O., S. 62, S. 80 f.; vgl. Maurice Tuchman: Chaim Soutine (1893–1943), Leben und Werk, in: Maurice Tuchman; Esti Dunow; Klaus Perls (Hrsg.): a.a.O., S. 48.

160 Jack Tworkow, zit. nach Maurice Tuchman: Chaim Soutine (1893–1943), Leben und Werk, in: Maurice Tuchman; Esti Dunow
; Klaus Perls (Hrsg.): a.a.O., S. 54; vgl. Ernst-Gerhard Güse (Hrsg.): a.a.O., S. 143.

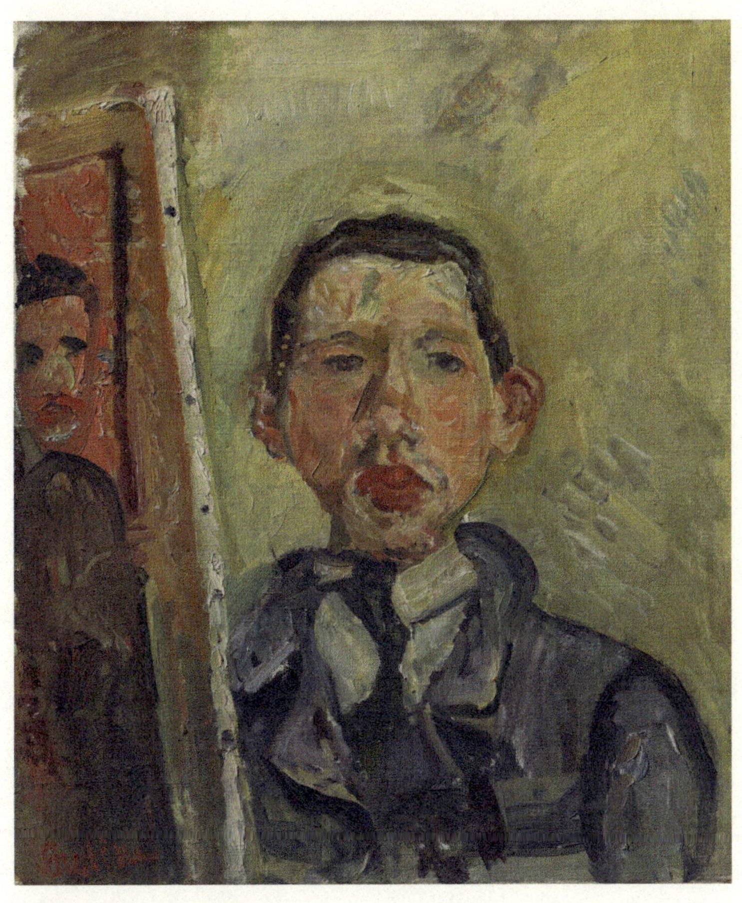

Abb. 10 – Chaim Soutine:
Selbstportrait, um 1918,
Öl auf Leinwand, 54.6 x 45.7 cm,
Henry and Rose Pearlman Foundation,
Dauerleihgabe an das Princeton University Art Museum.

Elfriede Lohse-Wächtler
(1899–1940)

„Der Zerfall beginnt schon wieder, was für das malerisch-künstlerische Weiterbestehenwollen sehr zum ‚Vorteil'!? sein soll. Zu deutsch: es ist zum Kotzen. Und ich bin natürlich schuld."[161]

In dieser Briefstelle von 1931 äußerte sich Elfriede Lohse-Wächtler unumwunden zu ihrer verzweifelten persönlichen, künstlerischen und sozialen Situation. Seit Wochen übernachtete sie in den Wartehallen der Hamburger Bahnhöfe, zeichnete und malte weiter, sofern sie Material zur Verfügung hatte. In dem Brief bat sie ihren Bruder Hubert, ihr durch seinen Einfluss die Rückkehr ins Elternhaus zu ermöglichen, obwohl die Beziehung vor allem zum Vater stets problematisch war.[162] Stellt Lohse-Wächtler in der Briefstelle bloß, dass eine Krise kein positiver Wendepunkt für die Kunst ist, sondern die individuelle Verantwortlichkeit erschöpft?

161 Elfriede Lohse-Wächtler, zit. nach Boris Boehm: Elfriede Lohse-Wächtler. Biografie in Bildern, Dresden 2009, S. 93. Siehe auch meine Darstellung von Lohse-Wächtler in: Christian Mürner: Malerische Kompetenz. Bildende Künstler mit Behinderung, Herzogenrath 2005, S. 66–68.

162 Vgl. Boris Boehm: Elfriede Lohse-Wächtler. Biografie in Bildern, Dresden 2009, S. 93, S. 9, S. 36.

Elfriede Lohse-Wächtler hieß mit Geburtsnamen Anna Frieda Wächtler, aber Frieda, wie sie von den Eltern genannt wurde, gefiel ihr nicht. In den sozialkritischen Dresdner Künstlerkreisen um Otto Dix (1891–1969) und Conrad Felixmüller (1897–1977) wurde sie „Laus" gerufen, weil sie sich zeitweise burschikos als Nikolaus Wächtler bezeichnete. Mit 16 Jahren verließ sie das Elternhaus und teilte ein Zimmer mit einer Freundin in Dresden. An der Kunstgewerbeschule belegte sie Kurse für „Mode und weibliche Handarbeiten" und „angewandte Grafik". An der Kunstakademie waren noch keine Frauen zugelassen. Ihren Lebensunterhalt bestritt sie mit dem Verkauf von Batikarbeiten und Gebrauchsgrafik, „auf den Feldern von Dresdens Umgebung" versuchte sie, „Essbares zu organisieren"[163]. Von 1918 an war sie freie Künstlerin. 1921 heiratete sie den Maler und Opernsänger Kurt Lohse, die Beziehung war durch Kontroversen geprägt. 1925 zogen sie nach Hamburg, wo es zur Trennung kam. Lohse-Wächtler bewohnte ein möbliertes Zimmer in Hamburg-Eimsbüttel. Ihre wirtschaftliche Not war groß, von der Kunstpflegekommission erhielt sie eine Unterstützung. Die psychischen Beeinträchtigungen nahmen zu und führten zum Zusammenbruch. Ihr Bruder und der Dadaist Johannes Baader (1875–1955) brachten sie in die Staatskrankenhausanstalt Hamburg-Friedrichsberg.

Dieser März 1929 wurde – im Nachhinein betrachtet – zum entscheidenden und folgenschweren Wendemonat im Lebenswerk Elfriede Lohse-Wächtlers.

163 Ebd., S. 37 f.; vgl. ebd., S. 75 f., S. 81.

Einerseits beschränkte der Aufenthalt ihren Unabhängigkeitswillen, doch sie schuf in kurzer Zeit die *Friedrichsberger Köpfe*, Zeichnungen und Porträts von Mitpatientinnen und Pflegerinnen, durch deren Ausstellung sie im Mai und Juni 1929 im Kunstsalon Maria Kunde als Künstlerin bekannt wurde. Auch die Hamburger Kunsthalle erwarb zwei Bilder, die insgesamt als „schonungslose" Darstellungen, aber „immer auch voll humaner Anteilnahme für die Not des Menschen"[164] charakterisiert wurden. Sie seien kunsthistorisch einmalig: „Denn es ist kein anderer Fall bekannt, in dem eine Malerin während der eigenen Hospitalisierung die Verbildlichung psychisch Kranker zu ihrem Thema erhob."[165]

Andererseits erhielt Elfriede Lohse-Wächtler in Friedrichsberg die ungesicherte, verhängnisvolle Diagnose „Schizophrenie". Ihre Probleme werden nach heutigen Erkenntnissen eher als „vorübergehende Psychose"[166] eingestuft. Nach ihrer Entlassung blieb die materielle Lage Lohse-Wächtlers unverändert schwierig, sie wohnte in einem Hinterhof in der südlichen Altstadt von Altona und lebte ruhelos in St. Pauli. Dabei traf sie auf naheliegende Motive und Personen, Prostituierte, Hafenarbeiter, Handwerker, Händler, Außenseiter, die sie in Zeichnungen und Aquarellen festhielt. Auch Selbstbildnisse in unterschiedlichen Stimmungslagen entstanden.

164 Hedwig Kaster-Bieker; Anneliese Mayer: berühmt – beliebt – behindert, Außerordentliche Frauen im Porträt, Kassel 2001, S. 116.

165 Hildegart Reinhardt: „… das oft aufsteigende Gefühl des Verlassenseins", Dresden 2000, S. 9.

166 Boris Boehm: a. a. O., S. 78, S. 86.

Zunehmend mittellos kehrte Lohse-Wächtler 1931 zu ihren Eltern zurück, doch der Vater konnte ihr unkonventionelles Künstlerleben nicht ertragen und veranlasste unter Rückgriff auf die mutmaßliche „Schizophrenie" die Einweisung in die Heil- und Pflegeanstalt Arnsdorf. Elfriede Lohse-Wächter wurde zwangssterilisiert und erhielt kaum mehr Papier zum Zeichnen. Sie fühlte sich von allen verlassen und einsam. „Ich gehe zugrunde", notierte sie.[167] 1935 wurde ihre Ehe mit dem Argument der „unheilbaren Geisteskrankheit" geschieden, ihre Zeichnungen galten als Beleg dafür. Im Juli 1940 wurde sie angeblich kriegsbedingt in die Tötungsanstalt Pirna-Sonnenstein verlegt und infolge der nationalsozialistischen „Euthanasie"-Aktion T4 ermordet.

„Die Kunst war für Elfriede Lohse-Wächter das Leben", schreibt der Historiker und heutige Leiter der Gedenkstätte Pirna-Sonnenstein Boris Boehm. Ihr Nachlass, mehr als 200 Zeichnungen und Aquarelle sowie Fotos, Briefe und andere Dokumente, wurde über dreißig Jahre von den Hamburgern Marianne und Rolf Rosowski betreut. Heute befindet er sich in der Sammlung Prinzhorn Heidelberg.

167 Elfriede Lohse-Wächtler, zit. nach Boris Boehm: a.a.O., S. 107, folgendes Zitat, ebd., S. 104, S. 125.

Alberto Giacometti

(1901–1966)

„Also war ich nicht dazu bestimmt, Bildhauer zu werden, vielleicht war ich nicht einmal für das Leben bestimmt; ich war zu nichts bestimmt."[168]

Diesen Satz legte der Philosoph Jean-Paul Sartre (1905–1980) seinem künstlerischen Zeitgenossen Alberto Giacometti in den Mund. Der Satz steht im Zusammenhang eines Unfalls, den Giacometti als Wendepunkt in seinem Leben begriff. Giacomettis Biograf, der amerikanische Schriftsteller James Lord (1922–2009), schrieb: „Am 29. September 1938 trafen sich die Vertreter Englands und Frankreichs mit dem Führer in München. Sie gaben den Forderungen Hitlers nach, einen Teil der Tschechoslowakei zu besetzen. Von da an war Krieg nur noch eine Frage der Zeit. Am 10. Oktober feierte Alberto seinen siebenunddreißigsten Geburtstag. Mehr als die Hälfte seines Lebens war bereits verstrichen. Eines der entscheidenden Ereignisse dieses Lebens sollte genau acht Tage später geschehen."[169]

168 Jean-Paul Sartre: Die Wörter, Reinbek bei Hamburg 1965, S. 132; vgl. James Lord: Alberto Giacometti, Zürich 1998 (1983). S. 383 f. In diesem Abschnitt greife ich zurück auf meine Darstellung Alberto Giacomettis in: Christian Mürner: Malerische Kompetenz. Bildende Künstler mit Behinderung, Herzogenrath 2005, S. 78–80.

169 James Lord: Alberto Giacometti, Zürich 1998 (1983), S. 165, folgendes Zitat, ebd., S. 170 f.

Giacometti wurde mitten in Paris auf dem Gehsteig von einem Auto erfasst, die Fahrerin war betrunken. Giacometti kam ins Krankenhaus, sein rechter Fuß war gebrochen, die Behandlung und Heilung schien ohne Komplikationen zu verlaufen. Giacometti ging zwar an Krücken und hinkte lebenslang. Er selbst betonte, dass er sich besser als vor dem Unfall fühlte. Lord notierte: „Die Gehbehinderung war für Giacometti kein Grund, die Arbeit einzustellen." Und: „Die Krücken hatten etwas mit dem Sinn seiner Arbeit zu tun." Wie ist das zu verstehen? Etwa im Zusammenhang seiner zerbrechlich wirkenden Figurenplastiken?

Giacometti berichtete zu seinen leichtgewichtigen Skulpturen, dass er nach Beendigung einer Ausstellung eine Figur ganz einfach mit ins Taxi nahm. Das entspreche den Menschen, die an einem vorbeigingen, sie wirkten ja auch gewichtslos, in einem labilen Gleichgewicht, spiegelten eine Leichtigkeit, die er habe wiedergeben wollen, und deshalb seien die Figurenplastiken so zart und schmal. Die Krücken verleihen einem Körper, der fortbewegt wird, auch etwas Schwebendes, und so könnte man im Hinken (wie in der Philosophie der Postmoderne) den Tanz, die Leichtigkeit, die Enthüllung, die lokalen Geschichten symbolisiert sehen.[170]

Giacometti war befreundet mit Sartre und hatte ihn porträtiert. Sartre galt als hässlich und schielte stark. Giacometti hat

170 Jean-François Lyotard: Philosophie und Malerei im Zeitalter ihres Experimentierens, Berlin 1986, S. 25 ff.

gerade das sogenannte gesunde Auge nicht gezeichnet. Giacomettis Sartre-Porträt erinnert an Dürers Herangehensweise: Dürer hat bildnerisch durch die an sein Gesicht angelegte Hand von seinem Schielen abgelenkt, Giacometti hat das eine Auge Sartres im Porträt verwischt oder – wenn man so will – hinter der Spiegelung der Brillengläser verschwinden lassen. Zwischen Giacometti und Sartre kam es zum Streit, weil Sartre vermeintlich genau das Gegenteil von dem schrieb, was Giacometti empfand, und er war wütend, weil Sartre sich eine persönliche Erfahrung zur allgemeinen Illustration aneignete. Und wie üblich bei solchen Konflikten stritten sie sich auch über die Kleinigkeit, dass der Unfall nicht am Place d'Italie, sondern am Place des Pyramides geschehen war.

Sartre schrieb: „Vor mehr als zwanzig Jahren wurde Giacometti eines Abends beim Überqueren der Place d'Italie von einem Auto angefahren. Er wurde verletzt, das Bein war ausgerenkt, aber in dem wachen Dämmerzustand, der ihn befallen hatte, spürte er zunächst so etwas wie Freude: ‚Endlich einmal erlebe ich etwas!' Ich kenne seinen Radikalismus. Er war auf das Schlimmste gefasst. Sein Leben, das er so sehr liebte, dass er sich kein anderes zu wünschen vermochte, war in Verwirrung geraten, vielleicht sogar durch die stupide Heftigkeit des Zufalls zerbrochen."[171]

Seine leichte Gehbehinderung befreite Giacometti zu seiner Erleichterung vom Militärdienst – zur Rehabilitation des Fu-

171 Jean-Paul Sartre: a. a. O., S. 132; vgl. James Lord: a. a. O., S. 383 f.

ßes hat Giacometti selbst nichts beigetragen, im Gegenteil. Er ging, wie erwähnt, lange Zeit am Stock, obwohl er ohne ihn gehen konnte.[172] Giacometti erzählte gern und viel von seinem Unfall, schmückte ihn aus, es habe auch eine Amputation des Fußes gedroht, aber der Unfall habe ihn in der künstlerischen Arbeit vorangebracht. Einige von Giacomettis Figuren scheinen bemerkenswerterweise vorwärts zu schreiten und man wollte daran einen Gegensatz zu seinem eigenen Gang erkennen, mit anderen Worten, er habe damit seine Gehbehinderung überwunden. Jean Genet bemerkte allerdings zu Giacometti: „Seine Statuen machen mir den Eindruck, wie wenn sie sich letztlich in eine unfassbare geheime Gebrechlichkeit flüchten, in der sie den Schutz der Einsamkeit finden."[173]

172 James Lord: a. a. O., S. 182, S. 186; vgl. Isaku Yanaihara: Mit Alberto Giacometti, Bern 2018, S. 190, S. 238.

173 Jean Genet, zit. nach ebd., S. 292.

Victor Brauner
(1903–1966)

„Wenn es auf Präzision ankommt, schließt der Schütze das linke Auge, um den Ball oder den Pfeil genau ins Ziel zu schießen. Was mich betrifft, so habe ich das linke Auge für immer geschlossen: wahrscheinlich war es nur Zufall, dass ich dennoch imstande war, den Kern des Lebens zu sehen."[174]

Diese Äußerung von Victor Brauner bezieht sich auf einen Unfall 1938. In einer nachträglich festgehaltenen Erinnerung beschrieb er den ersten Eindruck: „Bis zu diesem Bruchteil einer Sekunde, als ich in den Spiegel blickte, der da an der Wand hing, wusste ich nicht, was mir geschehen war. Plötzlich sah ich mein blutüberströmtes Gesicht und da, wo mein Auge gewesen war, nur eine offene klaffende Wunde."

Nach einem Abendessen unter surrealistischen Freunden in Paris im Atelier des spanischen Malers Esteban Francés (1913–1976) kam es zum Streit und zu einer Schlägerei zwischen dem Gastgeber und seinem Landsmann und Künstler Óscar Domínguez (1906–1957). Brauner und andere Anwesende traten dazwischen und bemühten sich um eine Schlichtung. Domínguez schleuderte eine Flasche, die an der Wand

174 Victor Brauner, zit. nach Desmond Morris: Das Leben der Surrealisten, Zürich 2020, S. 61; folgendes Zitat, S. 61.

zersplitterte. Manchmal war auch von einem Glas die Rede. Ein Splitter traf Brauner im linken Auge, wodurch er dessen Sehfähigkeit verlor und sich seine räumliche Wahrnehmung veränderte.[175]

Andere Berichte lauten, dass Brauner direkt von der Flasche getroffen wurde und „bewusstlos zu Boden ging“ sowie dann beim Transport ins Krankenhaus – wieder bei Bewusstsein – an dem erwähnten Spiegel vorbeikam. Der Verhaltensforscher, Publizist und Maler Desmond Morris nennt die unglückliche Bilanz des Streits eine „surrealistische Verletzung“, Brauner ein „Schicksalsmal“[176]. Das hat folgende Bewandtnis: Sieben Jahre vor dem Unfall (1931) hatte Brauner ein Selbstbildnis gemalt. Es zeigt ihn mit einem rötlich übermalten Auge, das in Form eines braunen, sozusagen auslaufenden Beutels umrandet ist. Für seinen Freund Roberto Matta – sie hatten zeitweise gemeinsam Bilder gemalt – „bildete dieser Unfall etwas Geheimnisvolles und schier Unerträgliches […]. Wir schrieben diesem Unfall notgedrungen eine rätselhafte Bedeutung zu. Bei ihm [Victor Brauner] entwickelte sich dieses Missgeschick zu einer Obsession.“[177] Brauner war esoterischen, „okkulten und parapsychologischen Phänomenen gegenüber höchst

175 Vgl. Martine Dancer: Das Vokabular von Victor Brauner, in: Victor Brauner: Der Phantastische Bilderbogen, Wien 2004, o. S. – hier ist vom Verlust des rechten Auges die Rede.

176 Desmond Morris: a.a.O., S. 61.

177 Roberto Matta: Der brüderliche Dämon, in: Fritz J. Raddatz (Hrsg.): ZEIT-Museum der 100 Bilder, Frankfurt a. M. 1989, S. 174.

empfänglich“[178]. Schon sein Vater hatte Kontakte zu Spiritisten und „beschäftigte sich mit den mystischen Lehren der Kabbala“[179]. Stefan Trinks schreibt: „Die Malerei, die er als verlebendigt verstand, habe ‚sich gewaltsam gegen mich gewandt‘, wie er den tragischen Fall kommentierte – ‚und ich trage nun die unzerstörbare Markierung im Gesicht‘.“[180]

Brauner geriet sowohl in lebensweltlicher als auch in künstlerischer Hinsicht oft in Situationen, die Wendepunkte implizierten. Seine Intention war weniger die Provokation als die Ambition des Ausgleichs und des Arrangements.

Mit 22 Jahren, nach seinem Studium an der Bukarester Akademie der Künste, kam Brauner 1925 nach Paris. Mangels finanzieller Mittel musste er zwei Jahre später die französische Hauptstadt wieder in Richtung seines Heimatlandes verlassen. Er kehrte aber 1930 nach Paris zurück und wurde 1933 in den Kreis der Surrealisten aufgenommen. „Als die Nazis im Juni 1940 Paris besetzten, floh Brauner nach Südfrankreich. Dort versteckte er sich, und schließlich gelang es ihm auch, sich falsche Papiere zu besorgen, die ihn als Elsässer – und nicht als rumänischen Juden – auswiesen.“ Es gelang ihm dennoch nicht, nach Mexiko auszuwandern. Er führte ein „unsicheres Leben als Verfolgter“, er wurde krank, arbeitete mit einfachs-

178 Uwe M. Schneede: Die Kunst des Surrealismus, München 2006, S. 112.

179 Desmond Morris: a.a.O., S. 59, S. 60; folgendes Zitat, S. 63 f.

180 Stefan Trinks: Kakaniens Kunst, in: Frankfurter Allgemeine Zeitung, 4. März 2023, S. 12.

ten Mitteln, mit Bienenwachs, und erfand „Kofferbilder", Bilder von entsprechend geringer Größe, dass er sie stets mitnehmen konnte.

1944 kehrte er nach Paris zurück und bezog, ohne es zu wissen, eines der ehemaligen Ateliers von Henri Rousseau (1844–1919) und erweiterte sein „enorm wandelbares Werk". Jedes von Brauners zahlreichen „Mischwesen", Figuren mit menschlichen Körpern und tierischen Fratzen, hat seine eigenen Wendepunkte und Übergänge. „Brauner ist auf Verwandlungen fixiert."[181]

1948 wurde er durch André Breton von der surrealistischen Gruppe ausgeschlossen und 1959 wieder aufgenommen. Der französische Schriftsteller Louis Aragon (1897–1982) bemerkte zu diesen Wendepunkten in Werk und persönlichem Umgang: „Dieses Laster, genannt *Surrealismus*, besteht in dem unmäßigen und leidenschaftlichen Gebrauch des Rauschgiftes *Bild* oder vielmehr in der unkontrollierten Beschwörung des Bildes um seiner selbst willen und auf dass es im Darstellungsbereich unvorhersehbare Umwälzungen und Metamorphosen bewirkt."[182]

181 Andreas Franzke: Magie und Verwandlung, in: Victor Brauner: Der Phantastische Bilderbogen, Wien 2004, o. S.

182 Louis Aragon, zit. nach Uwe M. Schneede: a.a.O., S. 139.

Gertrude O'Brady

(1903–1978)

„Kommen Sie und schauen Sie. Ich bin Malerin geworden."[183]

Diese zwei Sätze von Gertrude O'Brady sind ein Aufruf an die Betrachtenden, ihren künstlerischen Wendepunkt wahrzunehmen.

Gertrude O'Brady, mit bürgerlichem Namen Gertrude Allen Mac Brady, wurde in Chicago geboren und als Pianistin ausgebildet. Mit 24 Jahren erkrankte sie an perniziöser Anämie, Blutarmut aufgrund von Vitamin-B_{12}-Mangel. Sie war zweimal unglücklich verheiratet. Sie wollte ihre Lebenssituation ändern und beschloss, sich politisch zu engagieren gegen die Diktatur in Spanien. Aber die Reise musste sie wegen einer krankheitsbedingten Behandlung in Paris unterbrechen. Hier begann sie um 1939 zu malen. Ihre Werke entdeckte der Kunstkritiker und Sammler Anatole Jakovsky (1909–1983), der auch „Papst der naiven Kunst" genannt wurde.[184]

183 Gertrude O'Brady, zit. nach https://www.museel.be/sites/default/files/content/publications/courrier_27.pdf, S. 25: „Venez et regardez-moi. Je suis devenue un peintre." Vgl. auch: Martine et Bertrand Willot: Gertrude O'Brady. Venez me voir je suis devenue peintre!, Milly-la-Forêt, Le Vie d'Artiste AWD, 2012, https://fr.wikipedia.org/wiki/Gertrude_O%27Brady.

184 Christianne Gillerot: https://www.museel.be/sites/default/files/content/publications/courrier_27.pdf, S. 24 f. (22.09.2022).

Bei Jakovsky findet sich folgende prägnante Zusammenfassung und Charakterisierung: „Wenn man beweisen müsste, dass wahre Naive Malerei nie ein Gratisgeschenk, sondern stets eine Art Besessenheit ist, die ihren Tribut fordert, so würde das Beispiel der Amerikanerin O'Brady genügen. Nach einer schweren Krankheit kam sie kurz vor dem Zweiten Weltkrieg nach Paris, wo sie zufällig mit dem Malen begann, als ihr jemand eine Schachtel Farben schenkte, um ihr in ihren Leiden ein wenig Erleichterung zu verschaffen. Ein wahres Wunder geschah; anders kann man es gar nicht bezeichnen. O'Brady malte in zwei Jahren etwa sechzig Bilder von solch seltener Qualität, dass sie wahrscheinlich – nach dem Zöllner Rousseau – als die größte naive Malerin zu betrachten ist. Nach dem Eintritt Amerikas in den Krieg kam sie in ein Konzentrationslager, wo sie nur noch mit Bleistift zeichnete, da ihr keine Farben mehr zur Verfügung standen. Sie malte nun ihre Leidensgenossen, ob das Jockeys, Pastoren, Köchinnen oder Weltdamen waren. Und erneut steht man vor einem unerklärlichen Phänomen: Ihre Zeichnungen kommen in einem bestimmten Sinn an Clouet, Fouquet, ja gar an einen Holbein heran! – Was aber kam nachher? Nichts mehr! Ins normale Leben zurückgekehrt, verschwinden Malerei und Zeichnung aus dem Leben O'Bradys. Sie fällt in ihre Krankheit zurück. Die Spuren führen von Klinik zu Klinik, bis sie sich endgültig verlieren. Ein richtiger Meteor!"[185]

185 Anatole Jakovsky: Naive Malerei, Freiburg im Breisgau 1976, S. 36 f.

Nach dem Zweiten Weltkrieg und nach ihrer Internierung als Amerikanerin im Lager Vittel[186] im Westen Frankreichs kehrte O'Brady 1949 in die USA zurück und stellte in New York aus. Kurz danach gab sie die Malerei auf und zog sich aus der Kunstwelt, schließlich offenbar in ein Kloster nach Italien zurück.[187]

Der Kunsthistoriker Oto Bihalji-Merin beschrieb ein Bild O'Bradys mit dem Titel *Le bateau lavoir* von 1942 als sozusagen erfundene Welt wie folgt: „Das Wäschereiboot, die sanft abfallenden Wiesen der Parklandschaft, Damen mit großen Hüten, feingebügelt, steif und konventionell, während die Wäscherinnen ihre Arbeit verrichten. Auf dem Boot flattert die trocknende Wäsche. Am jenseitigen Ufer, im sanften Nachmittagslicht, Fabriken mit Schornsteinen, herbstfarbene Bäume und im Vordergrund ein Baum, der zum Boot heranreicht, kahl, blattlos, mit langen Ästen, auf denen ein Sonnenreflex liegt."[188] Was O'Brady in ihren Bildern zum Ausdruck brachte, war „das schöne Leben von einst, glücklich und elegant"[189], die moderne Welt und den Fortschritt lehnte sie ab.

186 Vgl. https://sites.uclouvain.be/muse/medias/docs/674.pdf, S. 7 f. (22.09.2022)

187 Vgl. Christianne Gillerot: a.a.O.

188 Oto Bihalji-Merin: Das naive Bild der Welt, Frankfurt a. M. 1963, S. 87.

189 https://docplayer.fr/203830420-Nee-a-chicago-elle-y-mene-jusqu-a-ii-ans-la-vie-passablement.html, S. 5–8. (22.09.2022)

Hans Hartung
(1904–1989)

„Die Blitze meiner Kindheit, dessen bin ich sicher, hatten Einfluss auf meine künstlerische Entwicklung, auf meine Art zu malen. Sie gaben mir das Gefühl für die Schnelligkeit des Strichs, die Lust, mit Bleistift oder Pinsel den Augenblick einzufangen."[190]

Die Sätze stehen am Anfang der Autobiografie von Hans Hartung. Die Blitze sind buchstäblich gemeint. Als Kind fürchtete er sich vor Gewittern. Er stellte sich vor, wenn er gleich schnell wie ein Blitz zeichne, könne ihm nichts geschehen. Zudem war er später überzeugt, dass die „Blitzbilder", wenngleich sie wirklichkeitsnah entstanden, schon „in gewissem Sinn ein abstraktes Element" enthielten. Der Maler und Grafiker Hartung zählt, neben Wols (Wolfgang Schulze, 1913–1951), zu den bahnbrechenden Vorläufern und Vertretern der *Lyrischen Abstraktion* bzw. der *art informel*, der Kunst, deren Prinzip in der sogenannten Formlosigkeit bzw. der gestischen, nicht geometrischen, noch repräsentierenden Ungegenständlichkeit besteht.[191]

In Hans Hartungs Leben gibt es mehrere gravierende Wendepunkte, während auf den ersten Blick seine Kunst in einer

190 Hans Hartung: Selbstportrait, Berlin 1981 (1976), S. 5 f.

191 Vgl. Rolf Wedewer: Die Malerei des Informel. Weltverlust und Ich-Behauptung, München 2007, S. 26.

phänomenalen Kontinuität erscheint. Doch Hartung sagt: „Für mich ist die Realität des Werks eine Manifestation, die parallel zum Leben des Künstlers läuft, die Äußerung von Kräften, die in ihm sind, von all dem, was ins Spiel tritt, um die Aktion anzutreiben, von allem, was seine Impulse, seine Bestrebungen, seine Erfahrungen ins Spiel bringt. Oft bleibt eine Spur der Dinge, selbst wenn man sie nicht wiedererkennt."[192]

1904 in Leipzig geboren begann er 1924 ein Studium zuerst in Leipzig, dann in Dresden. 1926 lebte er zurückgezogen in Paris, besuchte unter anderem die Malschule von Ferdinand Léger. 1929 heiratete er die norwegische Malerin Anna-Eva Bergman (1909–1987). Der plötzliche Tod seines Vaters traf ihn 1932 schwer. Er zog mit seiner Frau in die Einsamkeit der Insel Menorca. 1934 mussten sie ihr Haus und Atelier hier wegen finanzieller Probleme aufgeben. 1935 versuchte Hartung in Berlin seine Finanzen zu regeln. Er wurde überwacht, obwohl „weder Jude noch Kommunist"[193] und auch nicht anderweitig organisiert. Sein Vater hatte ihn vor den Nazis gewarnt. Freunde beschafften ihm ein Visum, er verließ Deutschland in Richtung Paris. Seine Frau war schwer krank. Sie ließ sich von ihm scheiden. 1939 heiratete Hartung die Malerin Roberta González (1909–1976), die Tochter seines Freundes und Bildhauers Julio González (1876–1942). Er wurde Mitglied der Fremdenlegion. Kurzzeitig arbeitete er als Landarbeiter,

192 Hans Hartung, zit. nach Jürgen Claus: Malerei als Aktion, Berlin 1986, S. 86.

193 Hans Hartung: Selbstportrait, Berlin 1981 (1976), S. 93, S. 119, S. 131, S. 155.

dann diente er wieder in der Fremdenlegion. An der elsässischen Front wurde er 1944 schwer verwundet. Sein rechtes Bein musste amputiert werden. 1945 kehrte er nach Paris zurück. In seiner Autobiografie schreibt er: „Es ist immer schwer für eine junge Frau, sich mit einem behinderten Ehemann zurechtzufinden. Roberta gab sich die größte Mühe, doch fühlte ich mich völlig aus der Bahn geworfen." Das Anpassen einer Prothese gestaltete sich schwierig. Er war ratlos und unzufrieden. 1952 traf er Anna-Eva Bergman wieder. Nach der Scheidung von Roberta González heiratete er seine erste Frau zum zweiten Mal. 1967 bauten sie zusammen ein Haus und Atelier in Antibes. Seit 1949 wird er zunehmend als maßgebender Künstler der Abstrakten anerkannt. Er war eher ein Einzelgänger.[194]

Zur künstlerischen Entwicklung finden sich in Hartungs „Selbstportrait" kaum Wendepunkte, vielmehr verweist er oft auf die Fortführung oder Anknüpfung an Vorarbeiten. Schon 1922, während der Schulzeit und teilweise in Schulheften, entstanden die ersten ungegenständlichen Aquarelle und Porträts von Schulkameraden, dann gestische Kohle- und Rötelzeichnungen. Hartung, der sich noch als Autodidakt bezeichnet, schreibt: „Man findet hier schon in Ansätzen fast alle meine Elemente, meine künftigen Zeichen und Rhythmen, die Flecken, die ‚Balken', Kurven und Linien, fast

194 Vgl. Jörn Merkert: Geste, Zeichen und Gestalt, in: Hans Hartung, Staatsgalerie moderner Kunst München, Katalog, Berlin 1981, S. 29.

schon mein ganzes Vokabular."[195] In Paris kann er Anfang der 1930er Jahre regelmäßig „Fleckenbilder" ausstellen, doch: „Je näher der Krieg rückte – an den viele aus meiner Umgebung nicht glauben wollten, aber den ich für unvermeidlich und grausam hielt –, um so verzerrter wurden meine Zeichnungen (aus Bleistift oder Tinte vom Café du Dôme) und meine Malerei. Sie ließen eine große Nervosität erkennen und wurden (16 Jahre nach meinen Aquarellen von 1922) wieder rein informell."[196]

Wie Hartung andeutet, entstanden seine spontanen Skizzen zum Teil im Café du Dôme. „Dort bekam man auf Verlangen für den Preis eines ‚Café-crème' Papier und Tinte." Es war als Briefpapier gedacht, aber Hartung entfremdete es für „Tintenkleckse", die die Ober missbilligten. Da er vor, während und nach dem Krieg kaum Geld hatte, um sich die raren Leinwände zu kaufen, vergrößerte er nur einzelne Skizzen im Rasterverfahren auf eine Leinwand. Trotz ihrer klaren Konstruktion wirken sie spontan. Mit Ölfarben war auch kaum ein anderes Verfahren möglich; erst später, ab 1960, ermöglichten Acrylfarben den direkten Malauftrag. Die Abstraktion verstand er als Ausdruck von Sensibilität und Emotion. Wer im Übrigen meint, Hartung hätte nicht gegenständlich malen können, täuscht sich. Hartungs Fazit lautet: „Freude am Leben bedeutet für mich Freude am Malen."[197]

195 Hans Hartung: Selbstportrait, Berlin 1981 (1976), S. 45.

196 Ebd., S. 154; folgendes Zitat, S. 90 und vgl. ebd., S. 86, S. 90, S. 104, S. 114.

197 Ebd., S. 191.

Frida Kahlo
(1907–1954)

„Kurz nachdem wir in den Bus gestiegen waren, kam es zu dem Zusammenstoß. Vorher hatten wir in einem anderen Bus gesessen; aber weil ich einen kleinen Sonnenschirm vermisste, waren wir wieder ausgestiegen, und so kam es, dass wir in das Unglücksfahrzeug gerieten, in dem ich zum Krüppel werden sollte."[198]

So schilderte Frida Kahlo den Wendepunkt in ihrem Lebenswerk. Mit ihrem Schulfreund Alejandro Gómez Arias saß Frida Kahlo 1925 im hinteren Teil eines Busses, der mit einer Straßenbahn kollidierte. Sie charakterisierte den Unfall als nahezu „lautlos". Sie erlitt Brüche an der Wirbelsäule, dem Schlüsselbein und den Rippen, eine abgebrochene Haltestange durchbohrte ihr Becken, der Fuß des rechten Beins wurde zerquetscht. Im Krankenbett, in der Rekonvaleszenz zu Hause, begann sie zu malen. Durch äußeres Verhängnis ergibt sich ein Wendepunkt im Leben, der ins Innere der Kunst führt. Vorher hatte Frida Kahlo nie an Malerei gedacht, sondern

198 Frida Kahlo, zit. in: Hayden Herrera: Frida Kahlo, Malerin der Schmerzen, Rebellin gegen das Unabänderliche, Bern 1983, S. 46 f.; vgl. Linde Salber: Frida Kahlo, Reinbek bei Hamburg 1997, S. 30; vgl. Frida Kahlo: Jetzt, wo Du mich verlässt, liebe ich Dich mehr denn je: Briefe und andere Schriften, München 2018. In diesem Abschnitt greife ich zurück auf meine Darstellung Frida Kahlos in: Christian Mürner: Verborgene Behinderungen, Berlin 2000, S. 124–129.

wollte Medizin studieren.[199] Ihre Bilder und ihr Leben zwischen „Leid und Leidenschaft“[200] werden berühmt, zu Ikonen des Feminismus[201] und einer selbstbestimmten Haltung inmitten von Krankheit und Behinderung.

Frida Kahlos Biografin Hayden Herrera schreibt: „Malen wurde für Frida ein Kampf ums Dasein und ein Teil ihrer Selbstfindung: In der Kunst wie im Leben diente ihr die theatralische Selbstdarstellung als Mittel, die erreichbare Welt im Griff zu behalten. Man kann fast sagen, sie erfand sich immer wieder neu, wenn sie einen Rückfall erlitt und dann wieder gesund wurde. Sie entwarf eine Persönlichkeit, die sich mehr in ihrer Vorstellung bewegte und auslebte als auf ihren Beinen.“[202] Frida Kahlo war durch ihre Krankheit, Behinderung und Bettlägerigkeit häufig allein. Durch eine besondere Vorrichtung für die Staffelei konnte sie auch im Bett malen, was ihr als „Lebenselixier“[203] galt.

Zu einem der eindrücklichsten Selbstbildnisse zählt *Die gebrochene Säule*. Frida Kahlo malte das 39,8 cm × 30,6 cm große Ölgemälde 1944 nach einer Operation an ihrer Wirbelsäule. Zu sehen ist Frida Kahlos Figur und nackter Oberkörper, der gespalten ist und so die zerbrochene stilisierte Wirbelsäule of-

199 Linde Salber: Frida Kahlo, Reinbek bei Hamburg 1997, S. 30, S. 32.

200 Andrea Kettenmann: Frida Kahlo: Leid und Leidenschaft, 1907–1954, Hamburg 2019.

201 Vgl. Linde Salber: a.a.O., S. 7.

202 Hayden Herrera: a.a.O., S. 63, vgl. S. 311.

203 Frida Kahlo, zit. in: Hayden Herrera: a.a.O., S. 121, S. 344.

fenlegt. Der Körper wird von einem Korsett zusammengehalten. Auch die kahle Landschaft im Hintergrund ist zerfurcht und ergänzt damit die schonungslose körperliche Darstellung. In „fast unerträglichem“[204] Kontrast dazu wirkt der Gesichtsausdruck ernst und gefasst, auch wenn Tränen auf den Wangen zu erkennen sind. Frida Kahlos Selbstbildnis scheint sowohl eine Selbstinszenierung als auch eine Verhüllung ihrer Lebenssituation zu thematisieren, ähnlich wie sie, die mit sechs Jahren an Polio erkrankte, ihr dünneres und leicht verkürztes rechtes Bein und ihr Hinken durch das Tragen von prächtigen langen und weiten Trachtenröcken verbarg.

Zu ihren Leitbildern in der Kunstgeschichte gehörten Piero della Francesca, El Greco, Hieronymus Bosch, Henri Rousseau und Paul Klee. Von den Darstellungsweisen und Motiven der Volkskunst ließ sie sich anregen. 1938 kam André Breton, der „Papst der Surrealisten“, auf einer Vortragsreise nach Mexiko. Er war von Frida Kahlos Bildern begeistert und organisierte eine Ausstellung in Paris. Hier fühlte sie sich gar nicht wohl und deplatziert, einzig Marcel Duchamp stehe als Maler „auf dem Boden der Wirklichkeit“[205]. Andere fanden hingegen, dass Frida Kahlo „ganz und gar dem surrealistischen Ideal von einer Frau“[206] entsprochen habe, da sie überzeugend eine theatralische und exzentrische Rolle als Malerin spielte.

204 Hayden Herrera: a.a.O., S. 65; vgl. S. 26 f., S. 193 f.

205 Frida Kahlo, zit. in: Hayden Herrera: a.a.O., S. 208.

206 Nicolas Calas, zit. nach Hayden Herrera: Frida Kahlo, Malerin der Schmerzen, Rebellin gegen das Unabänderliche, Bern 1983, S. 201; vgl. Linde Salber: a.a.O., S. 88.

Frida Kahlo fand Breton wenig sympathisch. Obwohl einige Bestandteile ihres Werks und ihrer Schriften surrealistisch wirken, lehnte sie die Zuordnung von Inhalt und Form ihres Stils zu dieser „Kategorie“ ab. Sie sagte: „Man hielt mich für eine Surrealistin. Das ist nicht richtig. Ich habe niemals meine Träume gemalt. Was ich dargestellt habe, war meine Wirklichkeit.“[207] Es ging ihr weniger um fantastische oder Traum-Bilder, viel mehr um Realität und Realismus. „Ich möchte, dass mein Werk als ein Beitrag angesehen werden kann zu dem Kampf, den die Menschen um Frieden und Freiheit führen.“[208]

Am Ende ihres Lebens beklagte Frida Kahlo, dass ihre Malerei kaum „nützlich“ erscheine, sondern eher einen individuellen, eigenständigen, „aufrichtigen Ausdruck“[209] ihrer selbst biete. Ihre Bilder und die persönliche Einzigartigkeit stehen zweifellos in Beziehung zu ihren alltäglichen Befindlichkeiten, Schmerzen und anderen Einschränkungen. Sie stimmen mehr als einmal mit ihrer Biografie überein. Leben und Werk Frida Kahlos zu trennen, hat man bemerkt, sei „unmöglich“[210]. Doch in einem öffentlichen Ausstellungsraum und in ihren medialen Nachwirkungen sind sie zusätzlich eine kulturelle Angelegenheit im Sinne eines Wendepunktes der Betrachtung.

207 Frida Kahlo, zit. in: Hayden Herrera: a.a.O., S. 238, S. 225; vgl. Linde Salber: a.a.O., S. 92.

208 Frida Kahlo, zit. in: Hayden Herrera: a.a.O., S. 235.

209 Frida Kahlo, zit. nach Linde Salber: a.a.O., S. 49.

210 José Morana Villa, zit. nach Hayden Herrera: a.a.O., S. 369.

Johann Hauser

(1926–1996)

„Einen Mut muss man immer haben zum Zeichnen, dann kann man gut zeichnen."[211]

Auf Johann Hauser trifft diese Bemerkung seines Gugginger Künstlerkollegen Johann Garber genauso zu. Leo Navratil (1921–2006), der Hauser als Psychiater und künstlerischer Mentor begleitete, schrieb: „Ohne seine manisch-depressive Erkrankung hätte Hauser das Zeichnen jedoch nie gelernt. In der Manie hatte er den Mut, andere Zeichner unter seinen Mitpatienten nachzuahmen, ja zu plagiieren. Er nahm deren Zeichnungen an sich, zog mit kräftigeren Strichen die Konturen nach und setzte seine Unterschrift dazu. Damals konnte man noch nicht ahnen, dass Hauser unter allen Gugginger Zeichnern der berühmteste werden sollte."[212] Navratil betonte jedoch, dass sich „bipolare affektive Störungen" oder „affektive Schwankungen" im Sinne des Manisch-Depressiven bei allen Menschen nachweisen lassen, die sich bei einigen jedoch

211 Johann Garber, zit. nach Leo Navratil: „Einen Mut muss man immer haben zum Zeichnen, dann kann man gut zeichnen." In: Carl Aigner; Helmut Zambo: Johann Hauser. Im Hinterland des Herzens, Wien 2001, S. 19; vgl. Leo Navratil: Bilder nach Bildern, Salzburg 1993, S. 103. Es ist nicht ganz klar, ob die Aussage ein direktes Zitat von Garber ist oder von Navratil als solches im positiven Sinn insinuiert wird.

212 Leo Navratil: manisch-depressiv. Zur Psychodynamik des Künstlers, Wien 1999, S. 219 f.; vgl. Leo Navratil: Johann Hauser. Kunst aus Manie und Depression, München 1978, S. 60, folgende Zitate S. 51, S. 225; vgl. Leo Navratil: a. a. O., Wien 2001, S. 23.

als eine psychische Erkrankung äußern. Er beobachtete, dass Hauser in depressiven Phasen keine kreativen Einfälle hatte und sich keine gelingenden Zeichnungen zutraute, aber die Kunst, die in manischen Phasen entstand, nicht „ausschließlich auf diesen beiden Faktoren“ beruhe, sondern auch auf äußeren, sozialen, begünstigenden Umständen. Diese komplexe Situation spiegelt sich in den persönlichen und ästhetischen Wendepunkten wider.

Johann Hauser kam mit 16 Jahren mit der Diagnose „Schwachsinn“ in eine psychiatrische Einrichtung und ein paar Jahre später in die Niederösterreichische Landesnervenanstalt Maria Gugging, in der Leo Navratil als Arzt tätig war und hier 1981 das „Haus der Künstler“ gründete, in dem dann auch Hauser arbeitete. Seine frühesten eigenständigen Zeichnungen und originelle „Bildumwandlungen“[213] entstanden in den 1960er Jahren.

Der Kunstwissenschaftler Roger Cardinal (1940–2019) schrieb 1979: „Als Geisteskranker hatte Hauser keine gesellschaftliche Identität, nun aber ist er auf dem Weg, als Künstler sich selbst zu finden, und wir dürfen wohl annehmen, dass dies so ist, weil künstlerische Bildnerei eine außergewöhnlich wirksame Methode ist, mit dem inneren Ich in Kontakt zu kommen.“[214]

213 Michel Thévoz: Bildumwandlungen, in: Leo Navratil: Bilder nach Bildern, Salzburg 1993, S. 10.

214 Roger Cardinal: Über Johann Hauser, in: Carl Aigner; Helmut Zambo: a. a. O., S. 98.

In den 1980er Jahren wurde Johann Hauser vom Psychiater Johann Feilacher begleitet. Feilacher berichtet: „Johann Hauser schätzte beim Zeichnen die Anwesenheit einer anderen Person, und allmählich übernahm ich von meinem Vorgänger Leo Navratil diese Rolle. Hauser liebte es, nachts zu zeichnen, besonders in den Jahren 1985 und 1986 entstanden so außerordentliche Werke. Er zeichnete niemals alleine, und so blieb ich bei ihm und leistete ihm Gesellschaft. Er rauchte bis zu 40 Zigaretten pro Nacht, der Raum qualmte, aus seinem Radiorecorder dröhnte hämmernde Musik."[215] Feilacher behandelte Hauser mit einem Lithiumpräparat, das dessen manisch-depressiven Zustände wesentlich verringerte. Zuerst entstanden keine Bilder mehr, doch dann, notiert Feilacher, wurde Hauser das „normale" Leben langweilig und er begann wieder zu zeichnen. Noch immer wünschte er sich, dass jemand dabeisaß, aber er rauchte nicht mehr und brauchte keine laute Musik mehr. Hauser reiste gerne und besuchte zusammen mit Feilacher seine Ausstellungen. Von einem Ausstellungsbesuch in der Goldie Pally Gallery des Moore College of Art in Philadelphia erzählt Feilacher: „Obwohl Hauser kein Wort Englisch sprach, übernahm er spontan die Führung von College-Studentinnen durch eine Galerie. Seine Gestik und sein Ausdrucksvermögen waren so stark, dass – obwohl keiner die Sprache des anderen verstand – ein Schwarm von Fans gebannt seiner Stimme lauschte und, wie ich später erfuhr, zum

215 Johann Feilacher: Johann Hauser ohne Manie und Depression. Die letzten Jahre des Künstlers, in: Carl Aigner; Helmut Zambo: a. a. O., S. 123, folgendes Zitat, S. 154.

Großteil verstand, was er mitteilen wollte. Die nonverbale Mitteilungskraft Hausers war immer schon ein wesentlicher Bestandteil seiner Persönlichkeit gewesen. Man hatte sie nur vorher der Manie zugeschrieben."

Werner Voigt
(1935–2015)

„Die wollen die Wahrheit nicht wissen"[216],

sagte Werner Voigt auf die Nachfrage zur Aufforderung, er solle die Namen unter den Figuren auf seinem zwei mal vier Meter großen Bild übermalen. Das Bild, das *Alsterdorfer Passion* genannt wird, ist eines seiner bekanntesten. Es lässt sich als Selbstfindung durch Malerei deuten. Der Hamburger Künstler Rolf Laute (1940–2013), Gründer und langjähriger künstlerischer Leiter der Ateliergemeinschaft „Die Schlumper", regte Werner Voigt an, seine von ihm immer wieder erzählten Geschichten aus seinem langen „Anstaltsleben" bildnerisch zu gestalten. Ein Wendepunkt für den 49-jährigen Voigt, der vorher nie gezeichnet oder gemalt hatte. In den dann folgenden 21 Jahren seiner künstlerischen Tätigkeit entstand ein ungewöhnliches Werk. Voigt gilt als anerkannter Maler biblischer Motive. Der Name der Ateliergemeinschaft, dessen Mitglied Voigt war, geht zurück auf die Straße „Beim Schlump" in Hamburg, wo in den Kellerräumen des „Stadthaus Schlump" einige Frauen und Männer mit unterschiedlichen Behinderungen ab 1984 unter der Initiative von Laute zusammenkamen, um zu malen.

216 In diesem Abschnitt beziehe ich mich auf meine Darstellung im Katalog „Werner Voigt – Die Schlumper", Hamburg 2015, S. 5–22; vgl. Günther Gerken und Christoph Eissing-Christophersen (Hrsg.): Die Schlumper. Kunst ohne Grenzen, Wien 2001.

Voigts *Alsterdorfer Passion* hat eine aufsehenerregende Geschichte. Voigt begann mit dem Kreuz und sagte dazu: „Jesus vergibt allen." Links und rechts der Kreuzigung finden sich Szenen aus dem Leben Voigts. Er stellte sich dar, wie er von verschiedenen Figuren geschlagen wurde, und wenn man genau hinschaut, sind auch deren Namen zu erkennen. Das erregte Anstoß, als das Bild in der Alsterdorfer St.-Nicolaus-Kirche ausgestellt war, in der Voigt einst als Kirchendiener gearbeitet hatte. Voigt lebte in „Alsterdorf", einer der ältesten Einrichtungen der stationären Versorgung von Menschen mit geistigen Behinderungen in Deutschland. Im vierten Lebensjahr kam Werner Voigt in die Einrichtung. Das war 1939. In diesem Jahr wurde von den Nationalsozialisten der so bezeichnete „Reichsausschuss zur wissenschaftlichen Erfassung von erb- und anlagebedingten schweren Leiden" bevollmächtigt. Das bedeutete eine unmittelbare Bedrohung durch „Euthanasie" aller behinderten Kinder. Werner Voigt überlebte. Die praktisch einzige Überlebenschance war die Voraussage einer „produktiven Arbeitsleistung". Voigt ging in „Alsterdorf" zur Schule, nach dem Abschluss teilte man ihm Hilfstätigkeiten in der Sattlerei, der Schneiderei, der Weberei und als Kirchendiener zu. Auch während seiner künstlerischen Tätigkeit übernahm Voigt hin und wieder Näharbeiten. Werner Voigt sagte: „Ich habe drei Berufe: Herrenschneider, Damenschneiderin und Kunstmaler. Mal sehen, was Gott noch mit mir vorhat."

Die *Alsterdorfer Passion* wurde dann doch in der Gnadenkirche inmitten Hamburgs sowie im Fernsehen gezeigt und in einer bekannten Zeitschrift veröffentlicht. Lange Zeit war das Bild auf Initiative eines Richters im Sitzungssaal des Sozialgerichts Hamburg zu sehen. Als Ende 2004 der Sitzungssaal wegen Umbaus ausgeräumt wurde, hatte niemand mehr Interesse an dem Bild, in dem Werner Voigt seine Lebensgeschichte der „Passion Christi zuordnet" und seine „Identitätsfindung im Licht der Religion" darstellte, wie Harmut Winde, Pastor der Gnadenkirche, sagte.[217] Zwei Jahre lagerte es aufgerollt im Atelier der Schlumper, bis das monumentale Bild 2006 auf Initiative von Pastor und Direktor Rolf Baumbach (1940–2006) im Flur der Vorstandsetage der heutigen Evangelischen Stiftung Alsterdorf einen passenden Platz fand.

Es gibt noch eine zweite, kleinere Version der *Alsterdorfer Passion* von 1986. Auf diesem Bild fügte Werner Voigt Texte ein. Links unten findet sich beispielsweise die Geschichte, wie ein Pfleger ihm die Bibel wegnahm und zerriss. In der Mitte unten gesteht er, dass er selbst auch gesündigt habe, weil er bei Karstadt ein Rasierwasser gestohlen habe. Wenn man diesen Begebenheiten auf dem Bild einzeln nachgeht, dann rückt die Kreuzigung in der Bildmitte in den Hintergrund. Versteht man hingegen diese und andere Szenen im Rahmen der Kreuzigung als Symbol der Leidensgeschichte, dann ist Voigt ein „Klagebild" gelungen, das die Anprangerung überwindet. In seinem Traktat „Über die Malkunst" schrieb schon Leon Battista Alberti (1404–1472), die Malerei bewahre eine „göttliche

217 Hartmut Winde: Kunst und Sakrament, Darmstadt 1992, S. 54.

Kraft“[218]. Auffallend ist, dass alle Figuren in der ersten Version ziemlich ernst blicken, im Gegensatz zur zweiten Version der *Alsterdorfer Passion,* in der alle ein fröhliches, lachendes Gesicht zeigen. Vielleicht könnte man folgern, dass Voigt sich und seine Figuren in einer beharrlichen Freundlichkeit zu befreien versuchte.

Eine Entwicklung seiner Malweise lässt sich bei Voigt gut verfolgen. „Die *Alsterdorfer Passion* ist ohne jegliche Vorlage entstanden“, erzählte Rolf Laute und fuhr fort: „Später hat er seine Kinderbibel mitgebracht. Aber er hatte irgendwie das Gefühl: Abmalen darf man nicht! Er hat es verheimlicht, hatte die Kinderbibel unter dem Tisch oder in der Schublade versteckt. Wenn er aber eine biblische Geschichte erzählen wollte, brauchte er die Bibel, um die Anzahl der Figuren, die in dieser Geschichte eine Bedeutung haben, nachzuzählen, aber er konnte sie nicht abzeichnen. Er hat sie dann in seinen persönlichen Stil umgesetzt. [...] In der Malerei haben die Figuren anfangs, wenn sie bekleidet sind, die Kleider immer seitlich angesetzt bekommen, so dass man es wie einen Schnitt verstehen konnte. Das hat er geändert. Da gibt es diese ‚Anekdote mit der Putzfrau‘, die zu ihm gesagt hat, als er bei einem Selbstporträt rechts und links die nackten Beine mit einem blauen Streifen versehen hat: ‚Wenn Sie einen Anzug anhaben, dann sieht man doch die Beine gar nicht!‘ Darauf malte er nie wieder die Beine und den Anzug in diesem witzigen Schnittcha-

218 Leon Battista Alberti: Über die Malkunst (1435/36), Darmstadt 2002, S. 101.

rakter. Ich ärgere mich heute noch über diese Hausangestellte. Spannend ist doch das, was aus normaler Sicht falsch ist!"[219]

Voigt sagte: „Ich lass mir Zeit, arbeite nicht so schnell. Das Bild soll ja sauber und ordentlich aussehen. Erst zeichne ich mit dem Bleistift und dann male ich erst. Und dann mit dem schwarzen Stift nachzeichnen, alles. Ich lass mir Zeit und Ruhe." 1999 gestaltete Voigt den Innenhof des Gemeindehauses der Gnadenkirche in Hamburg mit *Rauchenden Engeln* und der feinsinnig abweichenden Bibelzeile „denn sie wissen nicht, was sie tun solln".[220]

219 Rolf Laute, zit. in: Die Schlumper in Italien, Katalog, San Gimignano; Hamburg 2008, S. 16.

220 Vgl. Lukas 23, 34.

Nachwort

Werden Wendepunkte, Stilbrüche und Übergänge unmittelbar bemerkt? Oder erst nachträglich erkannt und aufgezeichnet als erinnernde Erzählung oder einprägsames Bild? Nach einem alten ägyptischen Ausdruck ist ein „Bildhauer" einer, „der [etwas] am Leben erhält"[221]. Noch heute wird die Wirkung vor allem von realistisch gemalten Bildern als „lebendig" beschrieben. Welchen Einfluss haben (auto-)biografische und literarische Berichte sowie anschauliche Bilder über Wendepunkte im Lebenswerk?

Das „Leben" gilt im Sinne von John Locke (1690) als dasjenige gebräuchliche Wort, bei dem alle, die danach gefragt würden, was darunter zu verstehen sei, beleidigt wären. „Leben heißt", nach Georges Canguilhem, „die Gegen- und Umstände seiner Erfahrung zu bewerten; es heißt, bestimmte Mittel, Situationen und Bewegungen zu bevorzugen bzw. auszuschließen."[222] Ein biografischer Bruch durch innere oder äußere Bedingungen kann wegweisende Auswirkungen auf die Handlungsfähigkeit, den Beruf und das Werk haben sowie die alltäglichen und künstlerischen Ausdrucksformen beeinflussen.

221 Ernst H. Gombrich: Die Geschichte der Kunst, Stuttgart 1982 (1950), S. 39.

222 Georges Canguilhem: Regulation und Leben, Köln 2017, S. 82, S. 72.

Die „Kunst“ gebe es genau genommen „gar nicht“[223], sagt Ernst H. Gombrich, sondern allein Künstlerinnen und Künstler. Lässt sich bei Kunstschaffenden ein Wendepunkt des Lebenswerks vergleichen mit einem relativ plötzlich auftauchenden Stilwechsel, einer neuartigen, modernen Kunstrichtung?[224] Wie wäre eine solche Beziehung einzuschätzen? In welchem Verhältnis stehen allgemeine Stilformen zum Individualstil, zu Anfängen und Entwicklungen? Gibt es biografische Bezüge zur künstlerischen Arbeitsweise? Sind – als konstante Frage – Leben und Werk (als künstlerische Tätigkeit und Kunstwerk) verflochten oder grundverschieden?

Wolle der Mensch sich selbst erforschen, komme er „in eine kritische Lage: nämlich dass, wenn die Triebfedern in Aktion sind, er sich nicht beobachtet; *und wenn* er sich beobachtet, die Triebfedern ruhen“, so Immanuel Kant in der Vorrede der „Anthropologie in pragmatischer Hinsicht“ (1800). Unter „Triebfedern“ versteht Kant Motive und Bestimmungsgründe moralischer Handlungen. Nach Kant zählen zu den Hilfsmitteln der Anthropologie: „Weltgeschichte, Biografien, ja Schauspiele und Romane“. Auch wenn Letztere „Charaktere und Situationen“ oft übertreiben würden, hätten sie doch das „wirkliche Tun und Lassen der Menschen“[225] im Blick.

223 Ernst H. Gombrich: a.a.O., S. 9.

224 Vgl. Lee Cheshire: Wendepunkte in der Kunst, Zürich 2018.

225 Immanuel Kant: Anthropologie in pragmatischer Hinsicht, Kant Werke Band 10, herausgegeben von Wilhelm Weischedel, Darmstadt 1975, S. 401.

Die Unterscheidung von Aristoteles, dass der „Geschichtsschreiber“ das „wirklich Geschehene“ mitteile, der Dichter jedoch das, „was geschehen könnte“[226], ist für die Brüche in biografischen Berichten wenig richtungsweisend. Vielmehr sind hier Überschneidungen maßgebend. Die Wiedergabe von Wendepunkten im Leben und Werk wirkt wie eine Montage von Fakten und Fiktionen. Deren Ambivalenz fasziniert – und lässt sich vielleicht individuell entschlüsseln. Wendepunkte unterliegen Interpretationen. Sie gehören zur „Prosa der Kunst“, die Jakob Burckhardt als Aufgabe verstand, nämlich der „Darstellung der Prämissen, unter welchen der Künstler seine Werke schuf“[227]. Sie sind bildliche Vergegenwärtigungen und narrative Vorstellungen von existenziellen Situationen.

Der Lebenslauf scheint aus dem Gleichgewicht geraten, in seiner Entwicklung gestoppt, die Chance der Weiterführung blockiert, aber von welchem Standpunkt aus? Die Annahme einer unabhängigen Position ist kaum realistisch. Was von einem Leben und seinen Wendepunkten bekannt wird, hat schon eine narrative Struktur. Sie besteht aus Interessen und Beziehungen der Schreibenden, der Über- und Vermittelnden. „Biografien lehren, die unglückliche Spaltung in unserem Denken – etwa die zwischen Sachbuch und Belletristik – zu überwinden“, schreibt Angela Steidele in ihrem Buch zur „Poetik der Biografie“[228]. Dennoch ist der Unterschied im

226 Aristoteles: Poetik, Stuttgart 1982, S. 29.

227 Zit. nach Carlo Ginzburg: Erkundungen über Piero, Berlin 1981, S. 8.

228 Angela Steidele: Poetik der Biografie, Berlin 2019, S. 3, S. 93, S. 81.

„Umgang mit den Quellen" zu beachten. Schriftstellerinnen und Schriftsteller haben den Vorteil, Ich sagen zu können, ohne dass man dieses Ich mit deren Ich, ihrer Meinung, ihrer Ansicht, ihren Problemen identifiziert. Tut man es trotzdem, bleibt es eine unsichere Gleichsetzung. „Das ist doch die von mir erfundene Ich-Figur, sie dient der Verdeutlichung oder der direkten Ansprache", kann geantwortet werden. Anders die Sachbuchautorin oder der Essayist: Ihr oder sein Ich ist mit der Person des Ich-Schreibenden weitgehend identisch oder ähnlich, und Zitate können nicht verfremdet oder abgewandelt werden, sie sind zu belegen.

Wendepunkte im Leben und Werk treten an sich als eindeutig hervor, allerdings sind sie in ihrer Komplexität von Offenheit und Befangenheit nicht zu unterschätzen. Wendepunkte lassen sich auch mit „Grenzsituationen" assoziieren. Karl Jaspers, der diesen Begriff in die Philosophie einführte, schreibt, dass dann, wenn „wir uns unserer menschlichen Lage"[229] vergewissern würden, es zu wandelbaren und unabänderlichen Situationen komme. Zu Letzteren zählen „Tod, Zufall, Schuld und die Unzuverlässigkeit der Welt". Er fügt hinzu: „Auf Grenzsituationen reagieren wir entweder durch Verschleierung, oder wenn wir sie wirklich erfassen, durch Verzweiflung und durch Wiederherstellung […]". Wendepunkte im Leben und Werk können als Grenzüberschreitungen beschrieben werden. Sie weniger als Lebenskrise in Erinnerung zu behalten, sondern

229 Karl Jaspers: Einführung in die Philosophie, München 1953, S. 20, folgende Zitate, S. 23, S. 21.

sie nachträglich als Lebenschance aufzufassen oder als eine unterbrochene, aber erneuerte, zu realisierende Lebensperspektive zu begreifen, entspricht dem sprichwörtlichen „Glück im Unglück".

Wendepunkte wirken wörtlich nicht als andauernde Zustände. Sie unterbrechen, lösen Veränderungen aus, strukturieren oder irritieren vorübergehend. Sie sind konkret, individuell und singulär an und mit Personen zu beschreiben, zu schildern, aufzuzeigen, zu dokumentieren. Vielleicht wäre es genauer, statt von Wendepunkt von Umschwung oder von Umwegen zu sprechen; dadurch käme zum Ausdruck, dass durch die Wende etwas in Gang kommt oder ein Innehalten veranlasst wird.

Möglich sind Wendepunkte auch als Ortswechsel, Beziehungsabbruch, entfremdete Verhältnisse, Umweltkatastrophen, Pandemien, Emigration oder Krieg sowie bedingt durch Adoleszenz, Gruppenzugehörigkeit, soziale Stellung, persönliches Geschick, Reiseabenteuer, Konkurse und anderes. Die im Privaten erlebten oder ins Innere verlegten Umbrüche und Unterbrechungen werden durch öffentliche oder äußere Aspekte angeregt oder bedrängt. Wendepunkte sind ein *fait social*, eine „soziale Tatsache"[230]. Das heißt, dass sie aus „besonderen Arten des Handelns und Denkens bestehen, die an

230 Emile Durkheim: Die Regeln der soziologischen Methode, Berlin 1984 (1895/1950), S. 105, S. 114, S. 38; folgendes Zitat, S. 97; Kurzinformation zum Begriff „soziale Tatsache": https://de.wikipedia.org/wiki/Sozialer_Tatbestand (28.11.2020).

der Eigenheit erkennbar sind". Diese sowohl kulturellen als auch sozialen Sachverhalte und Interaktionen, beispielsweise die verschiedenen äußeren Bedingungen von Wendepunkten, können Einzelne verpflichten, aber ihnen ebenso zweckgebundene Perspektiven eröffnen. „Kulturelle Tatsachen [...] sind jederzeit beides, gemacht *und* bedeutsam, materiell *und* idell, real *und* konstruiert, und wer die Prägnanz des *fait culturell* erfassen will, ist gut beraten, diese Balance der Bestimmungsgründe zu wahren und darauf zu verzichten, sie zu isolieren und gegeneinander auszuspielen."[231] Aus vielen der genannten Wendepunkte geht hervor, dass sie sowohl zwingend als auch zufällig, sowohl maßgebend als auch überschätzt erscheinen.

„Nur das Leben, das man sich selbst erzählen kann, ist ein sinnvolles. Wenn die Literatur einen gesellschaftlichen Zweck hat, dann ist es dieser: das Leben erzählbar zu machen"[232], sagt Peter Bichsel. (Auto-)Biografisches Erzählen kann in Bezug auf Wendepunkte einen Zusammenhang herstellen und verdichten sowie eine plausible Entwicklung hervorheben oder verbergen. Ein Leben ohne Wendepunkte erscheint wohl unwahrscheinlich. Ebenso gibt es womöglich keine Kunst ohne Umgestaltungen und Ausnahmen. Brüche gehen mit Bedeutungswandeln einher.

231 Ralf Konersmann: Kulturelle Tatsachen, Frankfurt a. M. 2006, S. 63.

232 Peter Bichsel: Interview (Kathrin Alder; Marc Tribelhorn) in: Neue Zürcher Zeitung, 31.12.2020.

Literatur

Aigner, Carl; Zambo, Helmut: Johann Hauser. Im Hinterland des Herzens, Wien 2001.
Alberti, Leon Battista: Über die Malkunst, Darmstadt 2002 (1435/36).
Arnold, Matthias: Edvard Munch, Reinbek bei Hamburg 1986.
Aristoteles: Poetik, Stuttgart 1982.

Bader, Alfred: Geisteskranker oder Künstler? Der Fall Friedrich Schröder-Sonnenstern, Bern 1972.
Baxandall, Michael: Die Wirklichkeit der Bilder, Frankfurt a. M. 1984.
Beretti, Michel; Heusser, Armin (Hrsg.): Der letzte Kontinent, Zürich 1997.
Beuys, Barbara: Helene Schjerfbeck, Berlin 2016.
Bihalji-Merin, Oto: Das naive Bild der Welt, Frankfurt a. M. 1963.
Boehm, Boris: Elfriede Lohse-Wächtler. Biografie in Bildern, Dresden 2009.
Bourdieu, Pierre: Die Regeln der Kunst, Frankfurt a. M. 1999.
Brauner, Victor: Der Phantastische Bilderbogen, Wien 2004.
Busch, Werner: Die Künstleranekdote, München 2020.
Bussmann, Georg: Lovis Corinth. Carmencita, Frankfurt a. M. 1985.

Canguilhem, Georges: Regulation und Leben, Köln 2017.
Cheshire, Lee: Wendepunkte in der Kunst, Zürich 2018.
Claus, Jürgen: Malerei als Aktion, Berlin 1986.
Collié, Andrée: Erinnerungen an Chaim Soutine, Basel 2008 (1944).
Corinth, Lovis: Selbstbiographie, Berlin 2014 (1926).

Durkheim, Emile: Die Regeln der soziologischen Methode, Berlin 1984 (1895/1950).

Echte, Bernhard; Feilchenfeldt, Walter: Kunstsalon Paul Cassirer, Band 6, Wädenswil 2016.

Ferentschik, Klaus; Gorsen, Peter: Friedrich Schröder-Sonnenstern und sein Kosmos, Berlin 2013.
Fischer, Bernd Erhard: Edvard Munch in Warnemünde, Berlin 2011.
Fischer, Hartwig (Hrsg.): Louis Soutter 1871–1942. Louis Soutter et les Modernes, Basel 2003.
Freud, Sigmund: Zwei Fallberichte, Frankfurt a. M. 2007.
Frick, Mechthild: Lovis Corinth, Berlin 1989.

Gerken, Günther; Eissing-Christophersen, Christoph (Hrsg.): Die Schlumper. Kunst ohne Grenzen, Wien 2001.
Ginzburg, Carlo: Erkundungen über Piero, Berlin 1981.
Gogh, Vincent van: Briefe an den Bruder Theo, herausgegeben und kommentiert von Fritz Erpel, aus dem Holländischen, Französischen und Englischen von Eva Schumann, Zürich 1959.
Görgen, Annabella; Gassner, Hubertus: Helene Schjerfbeck, Hamburger Kunsthalle, München 2007.
Gombrich, Ernst H.: Die Geschichte der Kunst, Stuttgart 1982 (1950).
Güse, Ernst-Gerhard (Hrsg.): Chaim Soutine (1893–1943), Stuttgart 1981.

Jakovsky, Anatole: Naive Malerei, Freiburg im Breisgau 1976.
Jaspers, Karl: Einführung in die Philosophie, München 1953.

Hartung, Hans: Selbstportrait, Berlin 1981 (1976).
Held, Jutta: Goya, Reinbek bei Hamburg 1990.
Hermand, Jost: Adolph Menzel, Reinbek bei Hamburg 1986.
Herrera, Hayden: Frida Kahlo, Malerin der Schmerzen, Rebellin gegen das Unabänderliche, Bern 1983.
Hofmann, Werner (Hrsg.): Turner und die Landschaft seiner Zeit, Frankfurt a. M. 1976.
Hofmann, Werner: Goya, München 2003.
Hunger, Bettina u. a.: Porträt eines produktiven Unfalls – Adolf Wölfli, Frankfurt a. M. 1993.

Kahlo, Frida: Jetzt, wo Du mich verlässt, liebe ich Dich mehr denn je: Briefe und andere Schriften, München 2018.
Kallir, Otto: Grandma Moses. Ihre Kunst und ihre Persönlichkeit, Köln 1979.
Kant, Immanuel: Anthropologie in pragmatischer Hinsicht, Werke Band 10, Wilhelm Weischedel (Hrsg.), Darmstadt 1975.
Kaster-Bieker, Hedwig; Mayer, Anneliese: berühmt – beliebt – behindert, Außerordentliche Frauen im Porträt, Kassel 2001.
Kettenmann, Andrea: Frida Kahlo: Leid und Leidenschaft, 1907–1954, Hamburg 2019.
Klee, Paul: 1933, München 2002.
Klee, Paul: Tagebücher, Felix Klee (Hrsg.), Köln 1957.
Knausgård, Karl Ove: So viel Sehnsucht auf so kleiner Fläche. Edvard Munch und seine Bilder, München 2019.
König, Kaspar; Wolf, Falk: Der Schatten der Avantgarde, Ostfildern 1915.
Körner, Hans; Wilkens, Manja: Séraphine Louis 1864–1942. Biographie. Werkverzeichnis, Berlin 2020.

Konersmann, Ralf: Kulturelle Tatsachen, Frankfurt a. M. 2006.
Kraft, Hartmut: Grenzgänger zwischen Kunst und Psychiatrie, Köln 1998.

Lammel, Gisold (Hrsg.): Exzellenz lassen bitten. Erinnerungen an Adolph Menzel, Leipzig 1992.
Lammel, Gisold: Menzel und seine Kreise, Dresden 1993.
Landmann, Annika: Helene Schjerfbecks Selbstbildnisse – an den Grenzen des Ichs, Hamburg 2018.
Licht, Fred: Goya, München 2001.
Lord, James: Alberto Giacometti, Zürich 1998 (1983).
Luckhardt, Ulrich: Lovis Corinth und die Hamburger Kunsthalle, Hamburg 1997.
Luckhardt, Ulrich; Schneede, Uwe M.: Ich, Lovis Corinth. Die Selbstbildnisse, Ostfildern-Ruit 2004.
Lynton, Norbert: Paul Klee, London 1964.
Lyotard, Jean-François: Philosophie und Malerei im Zeitalter ihres Experimentierens, Berlin 1986.

Magritte, Dietrich, Rousseau. Visionäre Sachlichkeit, Zürich 2018.
Morgenthaler, Walter: Ein Geisteskranker als Künstler, Bern 1921.
Morris, Desmond: Das Leben der Surrealisten, Zürich 2020.
Moses, Grandma: Meine Lebensgeschichte, West-Berlin 1957.
Mürner, Christian: Malerische Kompetenz. Bildende Künstler mit Behinderung, Herzogenrath 2005.
Mürner, Christian: Werner Voigt. Die Schlumper, Hamburg 2015.

Naifeh, Steven; Smith, Gregory White: Van Gogh. Sein Leben, Frankfurt a. M. 2012.
Navratil, Leo: Bilder nach Bildern, Salzburg 1993.
Navratil, Leo: manisch-depressiv. Zur Psychodynamik des Künstlers, Wien 1999.
Navratil, Leo: Johann Hauser. Kunst aus Manie und Depression, München 1978.
Neumayr, Anton: Kunst und Medizin, Wien 1996.
Nigg, Walter: Vincent van Gogh, Zürich 2003 (1948).

Ohff, Heinz: William Turner. Die Entdeckung des Wetters, München 1987.

Perruchot, Henri: Henri Rousseau. Eine Biografie, Esslingen 1957.
Presler, Gerd: L'Art brut. Kunst zwischen Genialität und Wahnsinn, Köln 1981.

Raddatz, Fritz J. (Hrsg.): ZEIT-Museum der 100 Bilder, Frankfurt a. M. 1989.
Reinhardt, Hildegart: „… das oft aufsteigende Gefühl des Verlassenseins", Dresden 2000.
Rilke, Rainer Maria: Sonette an Orpheus, Leipzig 1923.
Roeck, Bernd: Mörder, Maler und Mäzene, Piero della Francescas „Geißelung". Eine kunsthistorische Kriminalgeschichte, München 2006.

Salber, Linde: Frida Kahlo, Reinbek bei Hamburg 1997.
Saltzman, Cynthia: Das Bildnis des Dr. Gachet, Biographie eines Meisterwerks, Frankfurt a. M., Leipzig 2000.
Sartre, Jean-Paul: Die Wörter, Reinbek bei Hamburg 1965.
Schneede, Uwe M.: Edvard Munch. Das kranke Kind, Frankfurt a. M. 1984.
Schneede, Uwe M.: Vincent van Gogh, München 2003.
Schneede, Uwe M.: Die Kunst des Surrealismus, München 2006.
Scholz Williams, Gerhild; Tatlock, Lynne (Hrsg.): Literatur und Kosmos. Innen- und Außenwelten in der deutschen Literatur des 15. bis 17. Jahrhunderts, Amsterdam 1986.
Schuster, Peter-Klaus: Das Labyrinth der Wirklichkeit - Menzel - 1815–1905, Köln 1996.
Spoerri, Elka: Der Engel des Herrn im Küchenschurz. Über Adolf Wölfli, Frankfurt a. M. 1987.
Steidele, Angela: Poetik der Biografie, Berlin 2019.
Suter, Hans: Paul Klee und seine Krankheit, Bern 2006.

Thévoz, Michel: Louis Soutter, Lausanne 1970.
Traeger, Jörg: Goya, München 2000.
Tuchman, Maurice; Dunow, Esti; Perls, Klaus (Hrsg.): Chaim Soutine (1893–1943) Werkverzeichnis, Köln 2001.

Uhde, Wilhelm: Fünf primitive Meister, Zürich 1947.

Vasari, Giorgio: Das Leben des Paolo Uccello, Piero della Francesca, Antonella da Messina und Luca Signorelli, übersetzt von Victoria Lorini, herausgegeben und kommentiert und eingeleitet von Hana Gründler und Iris Wenderholm, Berlin 2012.

Wagner, Monika: William Turner, München 2011.
Walthard, Bernhard: Der Kunstmaler Friedrich Walthard. 1818–1870, Burgdorfer Jahrbuch 1966.
Wedewer, Rolf: Die Malerei des Informel. Weltverlust und Ich-Behauptung, München 2007.

Williams, Gwyn A.: Goya, Reinbek bei Hamburg 1978.
Winde, Hartmut: Kunst und Sakrament, Darmstadt 1992.
Wölfli, Adolf: Von der Wiege bis zum Graab. Adolf-Wölfli-Stiftung (Hrsg.), Frankfurt a. M. 1985.

Yanaihara, Isaku: Mit Alberto Giacometti, Bern 2018.

Zimmermann, Michael F.: Lovis Corinth, München 2008.

Abbildungen

Abb. 1 – Piero della Francesca: *Die Geißelung Christi*, 1444/78, Öl mit Tempera auf Holz, 59 x 81 cm, Galleria Nazionale delle Marche Urbino, gemeinfrei: https://de.wikipedia.org/wiki/Die_Geißelung_Christi_(Piero_della_Francesca)#/media/Datei:Piero_della_Francesca_042.jpg (16.08.2023).

Abb. 2 – Friedrich Walthard: *Joggeli*, 1863, Öl auf Leinwand, 70,5 × 50,5 cm, © Stiftung Psychiatrie-Museum Bern.

Abb. 3 – Henri Rousseau: *Der Tra*um, 1910, Öl auf Leinwand, 204,5 × 298,5 cm, Museum of Modern Art New York, gemeinfrei: https://de.m.wikipedia.org/wiki/Datei:Henri_Rousseau_005.jpg (14.08.2023).

Abb. 4 – Vincent van Gogh: *Porträt des Dr. Gachet*, 1890, Öl auf Leinwand, 68 x 57 cm, Private Sammlung Tokyo, gemeinfrei: https://commons.wikimedia.org/wiki/File:Portrait_of_Dr._Gachet.jpg (13.08.2023).

Abb. 5 – Lovis Corinth: *Eduard Graf von Keyserling*, 1900, Öl auf Leinwand, 100,0 × 75,5 cm, Bayerische Staatsgemäldesammlungen - Neue Pinakothek München, https://www.sammlung.pinakothek.de/de/artwork/y7GE00YLPV, gemeinfrei: https://de.wikipedia.org/wiki/Datei:Lovis_Corinth_-_Eduard_von_Keyserling.jpg (14.08.2023).

Abb. 6 – Helene Schjerfbeck: *Selbstbildnis*, 1912, Öl auf Leinwand, 43,5 cm x 42 cm, Finnische Nationalgalerie Helsinki, frei unter CCO (Creative Commons Zero)-Lizenz, https://commons.wikimedia.org/wiki/File:Helene_Schjerfbeck_Selbstbildnis_1912.jpg (13.08.2023).

Abb. 7 – Edvard Munch: *Das kranke Kind*, 1885/86, Öl auf Leinwand, 119,5 × 118,5 cm, Norwegische Nationalgalerie Oslo, gemeinfrei: https://de.wikipedia.org/wiki/Das_kranke_Kind#/media/Datei:Munch_Det_Syke_Barn_1885-86.jpg (14.08.2023).

Abb. 8 – Adolf Wölfli: *Die psychiatrische Klinik Waldau, Neubau*, 1921, Bleistift und Farbstift auf Papier, Ausschnitt, Kunstmuseum Bern, Adolf Wölfli-Stiftung Bern, gemeinfrei: https://commons.wikimedia.org/wiki/File:Waldau-Wolfli.jpg (14.08.2023).

Abb. 9 – Paul Klee: *Revolution des Viadukts*, 1937, Öl auf Leinwand, 60 x 50 cm, Hamburger Kunsthalle, gemeinfrei: https://de.m.wikipedia.org/wiki/Datei:Paul_Klee,_Revolution_des_Viadukts,_1937.jpg (13.08.2023).

Abb. 10 – Chaim Soutine: *Selbstportrait*, um 1918, Öl auf Leinwand, 54,6 x 45,7 cm, Henry and Rose Pearlman Foundation, Dauerleihgabe an das Princeton University Art Museum, gemeinfrei: https://commons.wikimedia.org/wiki/File:1918,_Soutine,_Self_Portrait.jpg?uselang=de (13.08.2023).